수목장樹木葬

서정문학대표시선 · 68

수목장樹木葬

초판 1쇄 발행 | 2022년 5월 9일

저 자 | 김관식

편 집 | 디자인그룹 여우비
펴 낸 곳 | 도서출판 서정문학
펴 낸 이 | 차영미
주 소 | 서울시 강동구 성안로31다길 8(천호동)
전 화 | 02-720-3266 F A X | 02-6442-7202
홈페이지 | http://cafe.daum.net/seojungmunhak.com
이 메 일 | sjmh11@hanmail.net
등 록 | 2008. 3. 10 제324-2014-000060호

ISBN 979-11-91155-20-4 03810
정가 10,000원

수목장 樹木葬

김관식 제19 시집

서정문학

| 머리말 |

장자를 생각하며

장자는 춘추시대 송나라 사람으로 우리에게 무위자연설無爲自然說로 노자와 함께 노장사상을 대표하는 사람이다. 어느 시대나 혼탁하지 않는 세상이 없다. 아무리 깨끗한 세상이라고 하더라도 어느 부분에는 혼탁함이 존재하고 있기 마련이다.

그의 사상은 만물은 하나이며, 차별 없이 평등하다고 한다. 생사도 하나고, 꿈과 현실도 하나라는 주장을 「호접몽胡蝶之夢」으로 전개했다. 그가 말하는 꿈은 현실 세계를 의미한다. 사람들은 현실적으로 자기 안에 갇혀 있는 편협한 존재로 보고, 그 존재의 실상조차 잘 알지 못하고 있는 지극히 부족한 존재라고 말하고 있다. 이러한 부족함이 소지小智이고, 고정관념이라고 보았다.

오늘날 한국 문인 사회는 정말 혼탁하다. 문인다운 문인을 찾아보기란 쉽지 않다. 말로 문인이라고 떠벌리고 다니는 문인은 스스로가 문인이 아니라고 공표하고 다니는 것과 마찬가지이고, 시인, 작가, 평론가 등의 칭호에 만족하지 않고 회장, 이사장 등 문인 단체의 우두머리 명함을 내미는 것을 자랑으로 내세우는 사람은 문인 사회의 지도자라기보다는 허명의식이나 집단 헤게모니 장악을 위한 서열의 우두머리 역할을 더 선호하는 사람일 것이다. 이런 사람은 글 쓰는 일보다는 문인임을 과시하고자 하는 정치적인 인물일 가능성이 높다. 그런데 이런 부류의 문인들이 대세를 이루고 이상한 문인 놀이 풍토로 문학의 본질을 왜곡시키고 있어서 안타까울 뿐이다.

글 쓰는 일은 딴전이고 문인 놀이꾼 향유 문화를 즐기려는 가짜문인이 낭송시 운동, 동인운동, 시화전 등으로 진짜 문인으로 둔갑하고 호접몽을 꿈꾸고 있으니 이제 한국 문단은 자정작용을 잃어버린 셈이다.

이러한 비정성적인 문인 사회 풍토와 구조 속에서 문학의 본질을 추구하는 진정한 문인들이 문인으로서의 존재가치를 인정받기란 낙타가 바늘귀를 빠져나가는 것처럼 어려운 현실이 아닐 수 없다.

자연물은 예로부터 시인들의 주요 시소재가 되어왔다. 자연과 분리되어 인간은 살아갈 수 없기 때문일 것이다. 오랫동안 나 역시 자연 소재를 시 쓰기의 기본으로 여겨 실천해왔다. 그리고 우리나라 여러 곳을 여행하면서 본 그 지방의 독특한 자연환경과 풍물을 소재로 시로 형상화해왔다.

현상계 자체에서 존재를 탐구한 장자는 사물과의 경계를 허물어버린 경계 없는 사유로 펼친 호접몽, 나와 나비의 경계가 무너진 자유, 만물은 모두 똑같다는 모든 생물들과의 생태적으로 공존하려고 했다. 그러나 오늘날 인간은 끊임없는 탐욕으로 타인은 물론 지구상에 존재하는 다른 생물들의 존재를 무시하고, 자기만의 행복을 추구한 나머지 혼탁한 세상이 되고 말았다. 이런 현실에서 물질추구를 위한 약육강식의 아귀다툼을 일삼는 현대인들에게 장자는 삶의 지혜를 일깨워주는 스승이 아닐 수 없을 것이다.

오늘날 포스트모더니즘 시대, 인간의 참 존재 탐구를 추구하면서 자신의 존재에 대한 성찰과 참 문인으로서의 자세를 유지하고 지행합일을 실천하려는 문학 정신이 투철한 문인들은 갈등하고 방황하고 있다.

그런 이들이 새겨들어야 할 것은 장자의 "좋은 나무가 먼저 죽는다."는 쓰임 받는 일이 좋은 것만은 아니라는 장자의 지적이다. 장자의 가르침은 천명을 다하지 못하고 쓰임 받음으로써 비우지 못한 탐욕 때문에 일찍 죽을 수밖에 없는 인간 스스로의 속박, 그것에서 벗어나는 지혜는 성경의 전도서 1장 "모든 것이 헛되고 헛되다"는 지혜와 오늘날 절대가치에서 벗어나 인간본성에 따른 상대적 가치관을 추구하기 위한 탈경계, 자기 반영성, 해체주의 상대주의를 표명하는 포스트모더니즘적인 앞선 철학적인 사유일 것이다.

관념화된 철학적 사유보다 언어의 경계를 넘어 새롭게 표현한 시야말로 장자의 경계 없는 사유에서 비롯된 것일 것이다.

내가 나비인지 나비가 나인지 모르겠다는 장자의 호접몽으로 시가 나인지 내가 시인인지 모를 경계 속에서 시를 쓰는 즐거움으로 살아가는 삶의 흔적을 여기 시로 표현한 것들을 버리지 못하고 묶었다. 버리지 못하고 남기려는 것도 어찌 보면 나의 탐욕이고 과오가 되지 않을까 염려하면서도 우둔한 짓을 또 하나 보태어 열아홉 번이나 되풀이했다. 저와 오랫동안 아름다운 관계를 맺고 살아온 사람들에게 감사의 뜻을 전하는 좋은 선물이 되었으면 한다.

2022. 4

香山齋에서 김관식 올림

| 목차 |

제3부 염소의 수학 공부

제7부 장수말벌의 증언

제1부
자연과 삶

나비

나
비다.

구름 동동
하늘 떠돌다
되돌아올 줄
정말 몰랐다.

팔랑팔랑
꽃을 찾아다닐 때
나를 잊었다.

그땐 정말
눈물 흘릴 줄
전혀 몰랐다.

비틀비틀
낙하하는
나비
나
비다.

잠자리

잠
자리가 포근해야
잠 잘 잘 수 있지.

잠자리는 하루 종일
잠잘 곳
찾아 날아 다녔지.

밤마다
나뭇가지 잠자는 자리 잡고
잠 실컷 잤는데도
왜 이렇게 졸릴까?

만 개 겹눈으로
두리번두리번
신경을 곤두세우니까
남보다 빨리 피로가 오겠지.

물속에서 살던
어린 시절
잠자다가 꿈속에서 만날 수 있을까?

기생충

평생 동안 떵떵거리며
뜯어먹고 살아왔다.

시커먼 뱃속 구린데 붙어서
일진회 앞잡이로
기생파티 능글능글

동족들이 배 움켜쥐고
아파해도 못 본 체했다.

실컷 도둑질해
똥구멍으로 자식들을
동경 유학 보냈다.

핵폭탄 산토닌 처방 앞에
독립투사 신분 세탁

힘 있는 사람
뱃속에 착 달라붙어
꿈틀꿈틀 대대로 배 채우며
당당하게 살아왔다.

말벌

꽃에는
아예 관심 없다.

노봉방
살생부

꿀벌도
사마귀도
닥치는 대로

독침과
날카로운 턱으로
모두 끝장낸다.

망나니
말로가 걱정된다.
말벌

실레마을

금병산 산자락
실레마을은
김유정 고향

이광수는 무정했으나
김유정은 유정했다.

노다지
산골
금 따는 콩밭을 서성거리는
산골나그네

부잣집 잔치에
떡 하나 얻어먹고
죽을 고비를 넘기는
가난한 소녀이야기 「떡」

마름 딸과 소작인 아들의
수탉 싸움이 사랑싸움으로
꽃 피어나는 해학적인 「동백꽃」

일제 암담한 현실에서

우리 민족에게 눈물겨운 웃음으로
훈훈한 정을 되살려낸
이야기꾼 김유정

경춘선 실레마을에는
김유정이 살아있다.
김유정역에는
산골나그네를 태우고 갈
기차가 멈춘다.

노랑턱멧새

시골 마을
토박이지요.
참새와 비슷하지만
제 노랑 목도리 보세요.
제 노래 들어보세요.

참새는 짹짹
음치이지만
우리 노랑턱멧새들은
명가수지요.

눈귀 어둡고
혼자 집 지키다가
하나둘 떠나간
빈집도 찾아가
노랑턱 내밀고
혼자 노래 부르다가 가지요.

해금강

거제도 갈곶
바다 금강
바위 성을 쌓았다.

등댓불 켜놓은
뾰족한 촛대 바위
성문지기 사자바위
석문 열면 사통굴, 미륵 세상
하늘 빗장

흰구름 흩어지듯
끊임없이 부서지는 고행길
철썩철썩
해금 켜놓은 체
해탈을 시도하고 있다.

모두 부처님의 자비다.
육지와의 인연
끊어진 배꼽 같은 십자동굴 앞
입이 쫙 벌어지는
금관, 토끼, 조서방 바위
깎아지는 바위 성벽 위에는

키 작은 나무들이
철새들 잠시 쉬어가라고
팔을 내밀고 있었다.

야구선수의 독백

야, 구질구질하게 살지 마라.
야구선수답게 방망이 한 방으로
승부를 내는 거다.

허리 힘 모아
허공으로 내리치는
방망이질 한 방
관중석을 향해
시원하게 날아가는 공
목욕탕 수도꼭지
확 틀어버린 홈런
스포츠 신문 1면
승리 세레모니 사진
날마다 꿈꾸며 살아간다.

전설의 홈런왕
베이브 루스
돈벼락 맞은
알렉스 로드리게스
신화를 만들어내는 거다.

야박하게 굴지 마라.

한가하게 골프공이나 날리는
골퍼가 아니다.
야성의 매력을
한 방에 터뜨릴 날
머지않았을 거다.

구구한 변명
야들야들 늘어놓지 않겠다.
똑똑히 봐라.
휘두르는 방망이의 힘을 보고
놀라지 마라.

날마다 큰소리 쳤으나
타석에 들어서면
두 다리 후들후들
헛방망이질만 하다가
보조선수로 밀려나기 몇 차례

내 사전에는 포기가 없다.
난 꿈꾸는 야구선수
구질구질한 내 인생
한 방에 날려 보낼 거다.

농산물 가게

큰 도로가 부동산, 옷가게 문 닫고
싸구려 농산물가게 들어섰다.
다국적 일본 기업
공산품 천 원 상품 대신
천 원짜리 국산 농산물 급처분

고추, 버섯, 호박, 오이, 대파, 쪽파, 미나리, 우엉, 가지
양파, 무, 브로콜리, 상추, 깻잎, 콩나물, 고사리나물,
감자, 고구마, 토마토, 참외, 수박, 복숭아, 자두,
달걀, 두부, 도토리묵 콩나물, 땅콩, 키위, 파인애플, 바나나,
국적을 묻지 마라
채소, 과일, 생선
싼 것이라면 무조건 모두 갖다 판다.

천 원에 한 봉지
만 원이면 한 보따리
중간 마진 줄여서 싸게 판다.

농산물 가격이
이렇게 싸면
농민들은 어떻게 사나?
그 동안 중간 상인들이

농민보다 더 많은 이문을 남겼구나.
우리들은 전혀 몰랐다.
이제야 알 것 같다.

애써 가꾼 농부들 안쓰러운 한숨을
헐값으로 사고 나서
이걸 어쩌지?
싸게 산 농산물 값으로 남은 돈을 아껴
시골 사시는 어머니 용돈으로 드려야겠다.
다짐하고 다짐했건만 한번 드리지 못하고
시골 가면 농산물을 차에 가득 실어오기만 했다.

백화점 식품 코너
값비싼 농산물
절반도 안 된
싸구려 가게
시골 어머니 넘치는 정이
날개 돋친 듯 팔려나갔다.

똥개 바둑이 일기

나는 똥개다.
이세돌처럼 바둑을
잘 두지는 못하지만
이름만은 바둑이다.
주인을 만나면 반갑게 꼬리를 친다.
모르는 사람이 나타날 때면
으르렁 컹컹컹 마구 짖어대며
달려들곤 했다.

주인이 주는 밥이면 깡보리밥, 옥수수밥
쉰 된장국도 가리지 않고 맛있게 먹고
도둑들이 얼씬도 못하게 집을 지켰다.

똥오줌은 절대로 아무데다 싸지 않았다.
똥은 절대로 먹지 않았다.
그래도 똥개다.

죄가 없는데도 몸집이 크다고
주인은 대문 옆 감나무에
목줄을 채워 꽁꽁 매달아놓았다.
빠져나오려고 끙끙거리며
이리저리 왔다리 갔다리 할 때마다

쇠사슬 끄는 소리만 요란했다.

어쩌다 목줄이 풀리는 날
어쩌다 동네 마실가는 날
골목 후비진 곳에 한쪽 다리를 쳐들고
오줌을 찔끔찔끔 이곳저곳 냄새 맡으며
동네 골목 샅샅이 사진으로 찍어두곤 했다.

그러다 어느 날
이웃집 복실이를 만났다.
그날부터 첫눈에 반해
복실이 꽁무니를 졸졸 따라 다니다가
복실이를 임신시켰다.

그 뒤부터 복실이 소식이 궁금해
목줄을 끊고
대문의 빗장을 입으로 열고
이웃집을 기웃거렸다.

장발장이 되었다.
주인은 화를 내며
여름날 개장수에게 팔아넘겼다.

개장수 오토바이 철망에 실려가면서
눈물 흘렸다.
이웃집 복실이 사랑한 죄로
복날 미투 희생자가 되었다.
억울하다.
이 땅에 똥개로 태어난 죄밖에 없다.
진돗개나 풍산개처럼 족보 없이 태어난 죄
충직한 종을 똥개 취급
능멸한 주인의 배신을 잊을 수 없다.
이웃집 복실이를 잊을 수 없다.

대한민국에 태어난 것도 죄가 됩니까?
몸보신 킬링필드 대학살 살생부
저는 죽어서도 주인의 몸으로 다시 태어날 거다.
부글부글 끓는 가마솥에 장례를 치른 뒤
주인의 핏속으로 파고들 거다.
삼복더위
지나가는 사람을 함부로 건드리면 큰일 난다.
죽은 똥개 원혼이 불쾌지수를 높여
당신을 물어뜯을지도 모른다.
컹컹컹!

늙은 배나무

뒤뜰에
늙은 배나무 한 그루
봄마다 어김없이 꽃을 피우고
열매를 맺었다.

꽃은 어린 나무였을 때
상큼한 모습 그대로지만

열매는 달콤한 맛이 없고
푸석푸석 시큼털털했다.

쭈글쭈글 밑동에는
많은 시간들이
켜켜이 들어앉아 있었다.

바랭이

밭 고랑에
바랭이 쓰러졌다.

줄기 마디 새 뿌리 돋아
새살림 차렸다.

방아깨비 한 마리
딱다기 등에 업고
찾아왔다.

이른 아침
바랭이 잎마다
이슬방울 반짝반짝

수크렁

크렁크렁 수크렁꽃
길가에 피었다

얼키설키 수크렁 암크렁
얽혀 살아가는 세상

길바닥 엎드린
암크렁 밟고 가다가
질긴 수크렁에
발 걸려 쓰러진 사람들

송충이 눈썹
빳빳하게 세우고
꿈틀거릴 거다.

복숭아

십팔 세
복슬복슬 소녀 얼굴이다.

익어갈수록 물컹물컹
단물 차올랐다.

감미로운 입술
서로 맞닿을 때
부딪치는 치아

서로의 목숨
지켜줄 약속
울퉁불퉁
복숭아뼈로 남았다.

파리

된장 항아리 속에서 태어난
쉬파리는
된장 냄새를 풍기지 않는다.

된장 항아리 속
된장 맛을 본 집파리가
된장 냄새를 풍긴다.

뚝새풀

가을걷이 끝난
텅 빈 무논

빈틈 노린
뚝새풀 씨
보리 씨앗
몰래 숨어들었다.

쟁기질한 논은
보리밭

비워놓은 논
뚝새풀 비집고 들어가
고개 빳빳이 쳐들고
점유권 선언한다.
내 땅, 내 봄

-뚝새 나왔다
고사질하는 뻐꾸기

환삼덩굴

으슥한
마을 어귀

무성한
환삼덩굴

가시 품고
숨어들었다.

혼자 노는
외돌톨이

슬그머니
덩굴 뻗다
뭇사람들
눈총 받는 밉상

여우오줌

산모퉁이
찔끔찔끔
여우가 오줌을 누고 갔다.
여기저기 흩어 놓은
검노랑 오줌소태 흔적들

아무도 찾아오지 않는
외딴집 홀아비
물큰 풍겨오는
찌든 담뱃진 냄새

노루오줌

산골짝 시냇물
조잘조잘

노루가
목 축이러 왔다가
찔찔 싸놓은
노루오줌

지린내
뾰쪽뾰쪽
홍자색 모루 탑을
세워놓았다.

쥐오줌풀

산기슭에
들쥐도 살아요.

저희들, 여기에서는 오줌
함부로 안 싸요
까치발 딛고 일어선
쥐오줌풀 꽃

다람쥐가 사는 곳
어디서라도 터 잡고 살면
내 고향

타향살이 오줌 냄새 풍기면 안 되지요.
뿌리 끝에 감춰놓고
꽃다발 한 무더기씩
찍찍찍 소리 대신
향기 가득 촘촘히
엮어 놓았어요.
선물이에요.

뚝갈

호젓한 산길
길섶

뚝갈
눈꽃 축포
환영인사

여름
무더위
쫓아드립니다.

마타리

뚝갈
차가운 눈꽃보다
따뜻한 제 마음 담았습니다.

마타리
노란 축포
병아리 인사말로 대신합니다.

삐약삐약
환영합니다.

기생초

철도변
천변
빈 땅에 기생했습니다.

코스모스
금계국
루드베키아
조금씩 흉내 내는 모창가수입니다.

여름 한철
화려한 맵시로
당신의 속마음을
흔들어 놓겠습니다.

거북꼬리

계곡 물길 따라
올라가는 산길

나무그늘 밑
거북꼬리 마중 나왔다.

여러 갈래 꽃대 내밀고
꼭대기를 오르는 길은
여러 갈래다.

거북이 꼬리
산행길 안내

복수초 꽃

이월
산비탈 양지 뜸
복수초 꽃 피었다.

겨울바람 세차도
땅바닥에 엎드려 웅크리며
봄 오길 손꼽았다.

산짐승들이
밟고 지나가도
다시 일어섰다.

여기는
우리의 터전

겨울 갑질
이제 너를 응징한다.
꽃샘바람 파산선고
노란 압류 딱지

제2부
수목장樹木葬

쇠비름

소가 밭갈이하다
싸놓은 쇠똥더미
쇠비름 돋았다.

땅바닥 넙죽 엎드려
사방으로
가지 쭉쭉 뻗었다.

빌어먹을
구린내
비린내

자르고 또 잘라내도
꿈틀꿈틀
잘린 마디 되살아나는
불가사리
억척스런 쇠비름

개비름

녹두, 콩, 귀리, 감자……
심어놓는 산밭
개비름 낯짝 두껍게
아무데나 비집고 들어앉는다.

개꼬리 살래살래 흔들어대며
밭곡식보다 더 먼저
쑥쑥 자라서
불끈불끈 근육질 내민다.

개똥철학 강사 개비름
제 소개 늘어놓고
"모두 주목, 제자리를 지켜라."
개뼈다귀 내밀고 갑질한다.

큰꿩의 비름

벼슬 붉은
장끼 한 마리
앉았다 간 산기슭

큰꿩의 비름
돋아났다.

촘촘히 엮어놓은
꽃송이 한 다발
까투리에게 내밀고
사랑 고백

떨리는
분홍 입술
되돌아오는
산울림
방울방울

꿩의 다리

꿩의 다리는
튼튼하다.

꿩의 다리 종류도 많다
산꿩, 작은 산꿩, 금꿩, 은꿩, 좀꿩, 참꿩
연잎꿩, 돈잎꿩, 아시아꿩, 한라꿩, 자주꿩

산비탈
꿩의 달음박질
응원석
수술 흔들어대는
숲속 치어리더
미끈한 다리
현란한 춤

벼룩나물

벼룩이 간도
빼먹는 세상

실 줄기로
헝클어진 채
여린 봄맞이

밭고랑 바위틈
깨알 흰점으로
펼쳐놓은
별봄, 별봄, 별봄, 별봄

열 갈래 꽃잎
받쳐 들고
펄쩍펄쩍 뛰어오르는
벼룩들

올방개

수심이 낮은
저수지 위쪽
올방개
국수 뽑고 있다.

물속 진흙
뿌리 뻗고
덩이줄기
동그랑땡 매달고

물풀 사이
초록 줄기
11111
개구리밥
휘젓고 있다.

범꼬리

아범아!
범꼬리다.

엄마!
마시멜로 꼬치다.

여름 숲속
가족 나들이

범꼬리
길다.

범부채

단옷날
까치 옷 입었다.

한여름
뙤약볕 아래
부채 폈다.

새끼 호랑이
옹기종기 둘러앉아
공기놀이
옹기종기

나문재

바닷가
나문재 옹기종기 쑥쑥
나
정말 문재다

나트륨 범벅
입이 바짝바짝 탄다
목마르다

퉁퉁마디

갯가 소금창고 옆
함초

바닷물
널어놓은 염전이다.

마디마디 퉁퉁
물을 빨아들였다.

뿌리 내린 갯가에
엉켜 붙은 가루소금

갯바람이
고무래질한다.

도리포에 가면

해제반도 끝자락
도리포에 가면
마주 보이는 염산 향화도 목도를 지켜보며
손을 흔들고 있는
아낙네가 있다.

복주머니 안을 들여다보다가
조임줄을 멈춘 채 그대로 멈추어버린 해협
진양조로 떨려오는 목젖
중모리 중중모리 자진모리 강강술래
조임줄이 조여온다.

들어온 복이 그냥 달아나게 내버려둘 수 없다.
복 달아나기 전에 염낭줄을 조여야 한다.
줄을 조이는 손이 부르르 떨리고 있다.
강강술래 강강술래

염산이 해제될 때까지
해제가 염산이 될 때까지
함평천지
영광스럽게
참으로 무안하게

도리도리
도리질한다.

도리포에 가면
함평천지 해제를 담은 복주머니 속
엽전 꾸러미 같은 민어들이
팔딱팔딱
호남가를 부르고 있다.

화산백련지

일로일로
화산 백련지
늦여름 소낙비가 내리고 있다.

꽃잎은 지고
연꽃밥
물뿌리개 꼭지들

초록 연잎 사이사이
늦동이 백련 꽃 꽃봉오리

빽빽하게 늘어선 연잎 줄기
몇 군데 드문드문
선명한 우렁각시 달거리

연잎 위
미쳐 지상으로 낙하하지 못한
빗방울들이 갈팡질팡하고 있다.

증도해저유물관

무안에서 해제, 지도를 지나
증도 보물섬길 따라가면
원나라 옛 역사가 묻힌
해저유물 창고가 마중 나온다.

발굴 기념비, 낙조전망대 맞은편
다리를 건너면 작은 섬 소단도
그 위에 우뚝 떠 있는
배 모양 집 해저유물관

중국과 일본을 오가는 도자기 무역선
침몰하던 그날의 아우성 소리
출렁출렁 파도를 몰고 왔지만
아무도 듣지 못했다.
어느 날 용케도 한 어부의 그물에 걸려 올라왔다.
난파선 속 생생하게 살아있던
원나라 700년 전 신안해저보물

이제
박물관 한 구석을 차지하고
옛 사람들의 맵시를 뽐내고 있다.

나주영상테마파크

영산강변에
영상 속 고구려와 고려, 조선이 살고 있다.

삼한 땅에 주몽이 나라를 세우고
태왕사신기 속 광개토대왕이 호령하는
바람의 나라
조선 정조 이산과
의적 일지매도
고려 쌍화점도
모두 여기서 다시 태어났다.

영산강이 굽이굽이 휘돌아가는
영산나루 영산강 8경
석관정과 금강정에 시인 묵객 대신
옛 역사의 영웅들이 다시 태어나고 있다.

어린 시절
잠자고 있던 내 꿈이 되살아나
모두 시가 된다.
시공을 뛰어넘어
황포돛대에 오른 내 고향

수목장樹木葬

나
없다
젊은 날
여자로 살았던 짧은 순간
내 이름조차 네 아비가
"여보"로 바꿔 놓았다.

이름을 잊어버리고
평생을 핏줄기 잇는
기둥으로 살아왔다.

죽어서도
나 없다
나무 뿌리가 되었다.

잡초·1

잡것들아!
이름 없는 풀이 어디 있겠느냐?
이름 없는 꽃이 어디 있겠느냐?
이름 없는 나무가 어디 있겠느냐?

이름도 모르면서
풀들을 싸잡아 잡초라고 부르는
잡것들아!
너희도 이름이 있지 않느냐?
너희가 네 이름을 부르지 않고
어이! 형씨! 언니!
이렇게 부르는 잡것들과는
상종 못 할 놈들이 아니었더냐?

이름을 모르면
이름이 무엇이냐고
물어야 하지 않겠느냐?

심마니들은 산삼을 알아보고
"심봤다!" 기뻐하거늘
너희들은 산속에 웅크리고 있는
산삼을 보고도

잡초라고 부르지 않겠느냐?

이름을 모른다고
함부로 잡초라 부르지 마라.
잡초라고 부르는 네가
잡것이 되느니라.

제주 4.3 사건·1

4.3 사건을 기억하는가?
탐라 바위틈 난 꽃 꽃봉오리
피지도 못하고
송두리째 시들어버린 날

잔인한 4월의 피울음은
핏덩이 곰보 자국을 남긴 채
검게 굳었다.

어제의 이웃이 오늘은 등지고
총을 겨누었다.

선문대할망도
말을 잇지 못했다.

4와 3을 더하면 행운의 숫자 7이 되고
4에서 3을 빼면 하나가 되어
4와 3을 곱하면 12달
오순도순 살아갈 수 있으련만

4와 3 나누어지지 않는 것을
억지로 나누려 했다.

풍란은 향기도
품어내지 못하고
나누려는 사람들의 손에
무참히 꺾였다.

그 날의
뫼비우스 띠
탐라는 증언하고 있다.

제주 4·3 사건·2

죄도 없이
억울하게 여기 누웠다.
이념의 제물이 되었다.

어제의 이웃들이
서로 총부리를 겨눴다.

분단의 역사
영문도 모르고
억울하게 희생당했다.

제물이 된 우리들이
편히 눈 감을 수 있게
평화를 위해 기도해다오

협죽도

억울한 죄
뒤집어쓰고
여기에 자리 잡았다.

뜨거운 용암
내뿜던 한라산 자락
농토를 일구고
물질하며
오순도순 살아왔다.

해마다 여름이면
태풍이 할퀴고 자나가도
우린 꿋꿋하게 버텨왔다.

밤낮으로 들볶아
산속으로 숨는 것도
죄가 되는가?

억울하게 빨갱이 누명
뒤집어쓰고
4월은 잔인했다.

억울하고 분하다.
4·3의 그날들
여기는 제로게임의 섬

태풍 철마다
독기 품은 협죽도
피눈물 흘렸다.

돈내코

멧돼지
코 벌름벌름

새벽 물안개
피워 오르는
돈내코 계곡
원앙폭포
물 마시러 왔다

꿀꿀꿀
돼지들의 애피타이저
꿀꺽꿀꺽
침 질질

부서지는
은빛 언어들이
원앙소에서 반짝거린다.

쇠소깍

한라산 빗물이
바위틈 비집고
쇠소깍에 모였다.

콧김으로 훅훅
귤 냄새 내뿜는 소 한 마리
웅크리고 앉아
되새김질하는 소
눈망울에 하늘이 내려앉았다.

신전 공사 기둥을
달구지 끌고 가는 소떼들
천제연폭포에서
짐을 풀어놓고 있다.

바다로 수직 낙하하는
주상절리대
신전 공사 중이다.

산방산 전설

1
사슴을 향해 당긴 화살
잘못 날아와
옥황상제 엉덩이에 꽂혔다.

화가 난 옥황상제
길길이 날뛰며
한라산 봉우리를 뽑아 던졌다.

그날의 백록담 흉터
사냥꾼을 향해 날아간 산방산

지금도 산방산에 가면
그날의 폭음소리 들려온다.

2
한라산은
난타 공연 중

선문대할망
또닥또닥 빨래방망이질

아차, 단 한 번 방망이질 실수로
한라산 봉우리가 날아와 흩어졌다.

떨어져나가 움푹 파인 백록담
날아와 흩어진 조각들
산방산, 용머리, 수월봉

한라산에는
지금도 사슴 사냥꾼이
활시위를 당기고 있다.

외돌개 전설

1

너희들은 아느냐?
한 맺힌 4.3 가족
빨갱이 누명 쓰고
목숨을 잃었다.

오매불망 할배를 기다리는
외돌개 할망

시신을 끌어안고 선 채로 그 자리
동족의 총부리에 굳어버린 망부석

병풍을 드리우고
흐느껴 우는 까닭을
너희는 알고 있느냐?

2

목호, 네 이놈, 너는 반란의 괴수다.
고려의 왕을 버리고
제주도에 왕국을 만들겠다는
너는 역적

나, 최영이 몸소 너희 일당들을
처단하려고 범섬에 왔다.

자, 보아라. 외돌개 대장군아!
이제라도 무릎을 꿇고
반역의 죄를 실토하라.

완강하게 버티다
외돌개 장군의 위용 앞에
스스로 역적 목호는 목숨을 끊었다.

늘 혼자여도 당당하면
못된 놈은 지레 겁을 먹고
제 죄를 실토하느니
초록 모자 쓴 외돌개 전설

황우지 선녀탕

서귀포
황우지 바닷가
보름달 떴다

한여름
밤
별빛 총총
사픈사픈
선녀들이 내려왔다

풍덩
후유
물질 소리

개모시풀

산모롱이
개모시풀 마중 나왔다.

손가락이 문드러지도록
먹 갈고 글씨 쓰던 선비
모시풀 껍질 벗겨지고
실타래 줄줄이 풀어 모시옷 한 벌

잡동사니 투구 쓰고 숲속 여기저기서
불쑥불쑥 달려 나오는 왜모시풀
글공부는 딴전 윗사람들에게 꼬리쳐
모시풀보다 위에 앉은
가짜 모시풀 거북꼬리

가짜가 진짜 노릇
눈속임으로 살아가는
개 같은 개모시풀
산골 별장 가는 길목에
나란히 두 줄로 늘어서서
환영인사하고 있다

제3부

염소의 수학 공부

좀깨잎나무

나는 깨다.
좀 먹은 깨 입으로
살아온 좀깨잎나무

약도 좀 팔고
뱀도 좀 팔고
구진 것들 다 팔았다.
구수한 입에 길들여진 참깨들이
나라도 좀 팔아 달라 금뱃지 달아주었다.

조그만 깨우쳤다면
누가 나라를 팔아먹겠는가?
못 배우고 무식해도
참깨 똥구멍을 살살 긁어주고
풍선 띄워주었더니
나라도 팔 수 있겠다고 팍팍 밀어주더라.

금배지 달고 보니 딴 세상이더라.
남에게 내세울 것 하나도 없는
백정 자손이 출세했다 생각하니
너무 통쾌하더라.

횡성 함평 한우고기는 조상님 생각에
도저히 못 먹겠더라.
팔팔 뛰는 생선회에 프랑스산 보르도 와인
맛보는 재미에 푹 빠졌다.

탁주도 없어서 못 먹는 주제에
세계 명산 와인 마시고
식칼 대신 좀먹는 깨 입으로 칼 거꾸로
도마 위에 마늘 찧듯
살아가는 등외 인생
뜬구름 잡고 살아왔다.

나라와 백성들에게 정을 주며
깨 벗고 거칠 것 없이 살아가는
나 백정 좀깨잎나무다.

이웃

가장 가까운
앞, 뒤, 옆집
모두 이웃

아파트 위, 밑층도
모두 이웃

이제는
멀리 떨어져 살아도
모두 이웃

이웃들이 모두
호주머니 핸드폰 안에 있다.

시멘트의 소원

물결에 떠밀려 와
굳은 세월입니다.
굳은 약속
가루가 되었습니다.

다시 또 굳어
수천 년의 신화가 되렵니다.

먼 옛날 불덩이로 솟은 바위
산산이 부서지고 굴러 떨어지며
제 몸 하나 추스를 틈도 없이
흐르는 물에 마구 떠밀려
자갈이 되고 모래가 되었습니다.

돌가루와 자갈과 모래로
흩어진 가족들이 다시 만나
빌딩과 아파트로 일어섰습니다.

어둠 속에서 보낸 수천 년
이제 밝은 햇살을 맞이하며
사람들과 어깨동무하고 살고 싶습니다.

잡초와 어머니

하루 종일 밭에서
흙과 함께 살아오신 어머니
이제 고생은 그만하세요.

어머님이 눈에 밟혀
높은 고층 아파트 세우고
길마다 흙이 보이지 않게
덮어놓은 보도블록

그 틈 사이 생전에 뽑으신 잡초
억세게 따라와 자리 잡았네요.

똑같은 크기로 어머님 모신
공원묘지처럼
누워있는 보도블록

어머님은 보이지 않고
어머님께서 뽑으시던 잡초 돋아난
보도블록 밟으면서
"형제간 사이가 벌어지면 잡초는 돋아나는 법이란다.
뽑아도 또 길어나니까 날마다 뽑아야 해."
어머님 말씀 생각나네요.

이제야 알 것 같네요.
왜 어머니께서 날마다 땡볕 무더위에
땀에 젖인 낡은 삼베옷
흘러내리는 땀방울 머릿수건으로 훔치시며
밭고랑에 쪼그려 앉아 잡초를 뽑으시던 까닭을……

뽑아도 뽑아도 다시 자라나는 풀
밟아도 밟아도 굽히지 않는 풀
잡초들을 뽑으시며 잡초와 더불어
한평생을 고생으로 살다 가셨는가를……

재개발구역

산비탈 산동네
재개발구역
높은 언덕배기 다닥다닥 어깨동무

달 뜨면 달이 가까이 찾아오는 달동네
밤마다 깜빡거리는 네온불빛

꼬리 물고 달려가는
자동차 불빛

우뚝 솟아 깜빡거리는
빌딩과 아파트 내려다보고
차오르는 보름달 쳐다보며
높은 곳에서
가장 낮게 살아가는 사람들

낮은 곳에서
높게 한번 살게 해달라는 소원
재개발구역

벌집 공사

중장비가 부산하다.
덤프트럭 왔다갔다
산자락에 터를 잡아 들어선
사각형 벌집

로얄제리 호의호식
분봉한 여왕벌
분주히 알을 낳고 있다.

알 까놓은 집들은
입주 완료
불빛이 켜졌다.

밤이 깊어갈수록 하나, 둘, 셋
알이 깨어나 창문에 불빛이 꺼진다.

아직도 깨어나지 못한
듬성듬성 몇 개의 방
불빛이 반짝반짝
내일의 설계도 작성 중이다.

도동 측백수림

도동에
왕릉이 있다.

돌아가신
왕을 지키는
측백나무 숲

사철 초록 잎은
왕의 머리에 쓴
금관 장식

백성 곁에서
앞과 뒤 한결같이
살다가 돌아가신 왕의 무덤을
측백나무 숲이 지키고 있다.

가학산* 휴양림

해남 계곡
가학산 휴양림
가을 골짝 맑은 물에는
산 새소리 모두 담아 흐른다.

바람에 떨어진 나뭇잎
상수리까지 물 위에
동동 굴리며 흐른다.

목마른 산짐승과
몰래 입맞춤하고
신명나게 달려왔다.

속마음 숨김없이
하고 싶은 말
모두 꺼내어 보낸다.

개기름 귓밥 가득 찬
귀 가만히 기울이면
귀까지 씻어낸다.

---

* 가학산: 전남 해남 계곡면에 있는 산

상처

아침 산책길
엄나무 가시에 팔을 긁혔다.

갑자기 따갑고 후끈거렸다.
팔뚝에 붉은 금이 선명했다.

개 목줄을 잡고
산책 나온 나를
지나가는 길손이 물끄러미 쳐다보았다.

개가 끙끙거리며
똥을 누고 있었다.

"뭐하고 있소. 개똥 당장 치워요."
행인의 가시 돋친 말
가슴에 금을 그었다.

팔뚝에 긁힌 상처는
때가 지나면 아무르지만
부글부글
피가 끓었다.

소

우리들은 한 번도
뿔을 들이댄 적이 없지만
당신들은 우리들에게 칼을 들이댔다.

대물림으로 사육당하고
코뚜레 꿰어 죽도록 일을 시켰다.
당신들의 뜻에 따라
우리들은 영문도 모르고 죽어야 했다.

우리들은 죽어서 가죽을 남겼다.
벗겨진 가죽은 당신들의 장신구가 되었다.

당신들은 신이 아닌 데도
신처럼 우리들의 생사를 결머쥐고
우리들을 걸치고, 차고, 들고, 밟고, 눕고, 걷고, 뛰고,
춤을 추었다.

당신들은 우리들의 시신을 유기해왔다.
우리들의 가죽을 벗겨
모자를 만들고
외투를 만들고
장갑을 만들고

가방을 만들고
혁대를 만들고
소파를 만들었다.

우리들은 당신들을 위해
모든 것을 다 내주었다.
우리들의 목숨이
늘 당신들과 함께 하고 있다는 것을
당신들은 알고 있는가?

뽕 할머니

옛날 호랑이 담배 피던 시절
진도 회동 뽕 할머니
바닷길을 열어놓았다네.
아리 아리랑 쓰리 쓰리랑 아라리가 났네.

그 뒤부터 해마다
밀물과 썰물 차가 가장 많은 날
바다가 갈라져
뽕뽕뽕 뽕 할머니 오신다네.
아리랑 응응응 아라리가 났네.

뽕 할머니가 소원한 모세의 기적
우리도 함께 바닷길 건너가 보세.
아리 아리랑 쓰리 쓰리랑 아라리가 났네

바다가 갈라지면 회동 앞바다에서 모도까지
미역도 따고 조개도 캐며 건너가 보세.
아리랑 응응응 아라리가 났네.

모두모두 바지 걷어붙이고
갈라진 바닷길 걸어
모도까지 건너가 보세

아리 아리랑 쓰리 쓰리랑 아라리가 났네.
아리랑 응응응 아라리가 났네.

호미반도 해안둘레길

호미반도 둘레길 따라
뾰족 솟은 선바위 지나면
왕관 쓴 여왕바위도 만나다네.

푸른 바다로 나가려다가
주춤거리는 고릴라 바위에
바닷물 찰랑찰랑

하얀 바다 절벽
동굴 파고 들어앉은
힌디기 지나 모래밭
바닷물 넘실대는 하선대 위에
옛날 선녀들 대신 바닷새가 앉아있네.

바다가 반갑게 맞아주는
호미반도 해안둘레길
묵혀둔 전설이 실실이 풀려나와
울컥울컥 가슴이 저미어온다네.

호미곶

한반도 호미곶
호랑이가 바다에다
꼬리를 내리칠 때마다
우르르 바닷가로 달려들다가
팍팍팍 솟구치는
물보라 하얀 아우성

태평양을 향해
이글이글 타오르는
제철소의 불꽃
야성의 피가 끓고 있다.

보경사 12폭포

둥근 보름달이 뜨는 여름밤이면
아마도 하늘나라 선녀가 몰래
목욕하러 내려왔을 거다.

12폭포 선녀 목욕탕
일 년 열두 달
보고 또 봐도 기가 막힌다.

내연산 보경사
관음보살 나무아미타불
몸 씻고 마음 씻는다.

죽도 어시장

죽도록 그리운 사람이
보고 싶을 때
죽도 어시장에 가라.

하고 싶은 말
마저 못하고 떠나보냈던 바다
외로울 때
생각나는 얼굴들이
어시장 수족관에서 꿈틀대고 있다.

엇그제
함께 회 한 접시 나눠 먹으며
서로 안부를 물었던 사람들
여기 수족관에서 되살아나고 있다.

어느 노동자의 하루

여름 공사장에서 일하는
어느 막노동자의 몸에서는
초록 풀잎 냄새가 났다.

그가 땀 흘려가며 노동으로 세운
빌딩 숲 사이
인도 보도블록 사이에
돋아난 풀 한 포기였다.

아내 같은 원뿌리와 그 곁에 돋아난
자식 같은 곁뿌리가 추겨세운 힘으로
희망이라는 이름으로 공사장을 누벼왔다.

그는 날마다 공사장을 전전하며
내 집 마련 꿈을 짊어지고
아파트를 세우고 빌딩을 지었다.
그는 등짝에
하얗게 반짝거리는 희망의 소금기를
훈장처럼 달고 다녔다.

어젯밤 별빛을 쳐다보며
수박 한 통

푸짐한 상차림
활짝 웃는 가족들 생각

휘청거리는 발걸음으로
공사장 계단을 오르는
등 위에 짊어진 시멘트자루
춤추는 철근

그의 발걸음은 항상 휘청거렸다.
지친 몸 이끌고 집으로 돌아가는 길

그는 버스 정류장 모퉁이에서
붕어빵 한 봉지 사들고
인도 사이 보도블록 좁은 틈에 돋아난
시들은 초록 풀잎이 되어
집으로 돌아오곤 했다.

풀잎 위에도
희망의 이슬방울이 맺히고
어느 순간에 뿌리가 뽑힐까 불안해하며
그는 하루를 맞이하고 하루를 마감했다.

그의 노동으로 빌딩은 점점 높아갔고
그가 뿌리 뻗을 곳이 점점 줄어가고 있었다.

주왕산

하늘나라
신선들의 별장이다.

커다란 코끼리
한 마리
성문을 지키고 있다.

솟구치는
응회암 덩어리
수만 년
빗물이 깎아 세운 신전

함부로 이웃을 짓밟고
높이 오르려는 일이
얼마나 부질없는지
똑똑히 보아라.

여기는
하늘나라
신선의 왕국
청송이다.

절골 계곡

세상이
골절됐다.

뼈마디가
쑤셔온다.

가을 주왕산
절골 계곡

운수길 따라
올라가는
긴 단풍길

속 깊은
어머니의 품

주왕 굴

주왕암 가는 길
주왕 굴 전설

신라 반란군
주왕이
숨어들었다.

토벌대
마 장군이
쏜 화살에
주왕이 맞았다.

핏빛
물든 계곡
봄날
수달래꽃
활짝

염소의 수학 공부

염소를
풀밭에 매놓았다.

염소가 풀을 뜯다 말고
쇠말뚝 중심으로 빙빙 돌았다.

염소가 원을 그렸다.
염소가 돌 때마다
점점 원이 작아졌다.

쇠말뚝 옆에
그만 무릎 꿇고
원점이 되었다.

번행초

바닷가
바위틈, 모래밭
번행초 엎드렸다.

갯바람
투레질

촉촉이
봄비
내리는 날

짭쪼름한
갯내음
물큰

빅토리아연꽃

나도 나를
믿을 수 없다.

연못 속 밑바닥에
뿌리박힌 날

살기 위해
발버둥
가시줄기만 마구 디밀었다.

물위에 올라설 때까지
오직 자신만을 위해
가시 품고 살아왔다.

가시로
연못을 지켰다.
빅토리아 꽃봉오리
보랏빛 왕관

엿장수

교문 앞 엿장수
한 손에 가위 쳐들고
찰각찰각

하늘을
잘라낸다.

반짝반짝 하늘 조각들
엿가락에
찰싹 달라붙는다.

오늘은 시험 보는 날
엿가락 오물오물
하늘 조각 달라붙듯
합격을 기대한다.

옥수수

앞산도 어부바 뒷산도 어부바
속세를 등지고 산사에 들어왔다.

바람 불 때마다 사그락 사그락
장삼자락 펄럭거리며 바라춤 덩실덩실

바랑에 차곡차곡
가지런히 담아놓은 염주알 주머니

떠나온 속세
궁금한 잡념 수염처럼 쑥쑥

끊어내야 한다. 끊어내야 한다.
나무아미타불 관세음보살
이른 새벽 불상 앞에 무릎 꿇고
목탁 두드리며 염주알 매만진다.

이제는 바랑 어깨에 메고 탁발 나갈 때
하나둘 스님들이 비워지는 산사
고즈넉한 산밭에 가을바람 서걱거린다.

제4부
나이 들어 늙으면

귀뚜라미

가을이다.
취업도 못했다.
장가는 언제 가고
언제 가정을 꾸리나요?

고시원에서
날마다 고시 공부
혼밥 먹으며
빈다 운다, 운다 빈다.

귀 찰싹 귀 찰싹
제발
이번 시험에 붙어다오.

여자 친구
귀 뚫고 귀 뚜르르
시험에 붙는 날만
손꼽아 기다린다.

언제 내 곁에서
멀어질지 조마조마

번번이
귀 또르르 귀 또르르
시험에 미끄러졌다.
또 가을에 왔다.

사십이 내일 모래
겨울바람 차갑게 분다.
앞길이 막막하다.

귀 뚫어요. 귀 뚫어요.
우리는 어찌해야 하나요?

오두산 전망대

임진강과 한강이
전망대 앞에서 서로 만났다.

철조망 쳐놓고
우리들을 바라보느냐?
강 건너편을 바라보느냐?

강물은 울렁울렁 철새도 반기고
김포와 강화도 지나면서
얼씨구절씨구 출렁출렁

우리들은
넓은 바다로 간다.

너희들은 언제까지
바라만 보고 있을 것이냐?

냉이

추운 겨울
산밭 땅속
냉이가 웅크리고 있었다.

딱딱한 음식
씹지도 못하고
오물오물

찬물 마시면
이 시려 시큼시큼

봄, 냉이
삭은 이 뽑히고
간이 돋아났다.

단풍나무

사월
앙상한 단풍나무
가지 위에서 딱새가 운다.

지난 가을
압류 당한 단풍나무
빨간 딱지 떼어내고 있다.

방안 웅크린 새싹들이
다시 풀려나고 있다.

쉼 없이 울어대는 딱새
창밖 빼꼼
초록 잎들 싱글벙글

봄
봄봄
봄봄봄

봄 풍경

겨울나무들
신체검사 끝났다.

꽃나무들
예서제서 입 찢어지고 있다.
까르르까르르

옷 입을 생각 까맣게 잊고
매화나무는 하얀 이 내보이고
배꼽도 다 내놓고 얼굴 붉어진다.

산수유나무는
가지마다 덕지덕지
눈곱 털어내며 비시시

꽃나무들마다 봄맞이
봄빛 화끈화끈

싸라기눈

동짓달
난데없는
싸라기눈

둥우리
알 품은
암탉
모이

주인 어디 갔지?
암탉 어디 갔지?

문경새재

괴나리봇짐
갓 쓴 사내들이
흰 적삼 펄럭거리며
구불구불 산길을 오른다.

두둥실 구름이 넘어가는
하늘재 이우리재 억새풀 서걱거리는 소리
시를 읊조리며 과거 보러 한양 가는 선비들

물소리 새소리 시심이 절로 솟구친다.
새들도 날아서 오르기 힘든 문경새재
이 고갯길을 넘어가야
경사스런 소식 전해들을 수 있다.

날마다 사서삼경, 역사 공부 시를 짓고
장원급제 꿈꾸며 과거 날만 기다렸다
이 고개쯤이야 넘어가는 것은 축복이다.

이리랑 아리랑 쉬엄쉬엄 넘어가자
땀 흘려 넘고 가면
경사스러운 소식 들을 수 있지 않겠느냐?

억새꽃이 바람에 살랑살랑
선비들의 그날의 너털웃음소리
문경새재 오르면
솔바람 소리로 전해온다.

해일

그렇게 넓은 바다도
밑구멍이 터지니
별수 없네.

온몸 부르르
육지를 향해
화풀이 하네.

한 순간
육지를 삼키고
살아있는 것들
모두 쓸어버리네.

바다 밑
솟구치는 마그마
뜨거운 열기
바다 속이 뒤집혀지네.

쓰나미로 갑자기
온 세상이
뒤죽박죽 되어버리네.

회룡포

어머니 응어리진 가슴
쓸어내리는 눈물이
내성천을 따라 뜨겁게 흘러갑니다.

다 못 피운 꽃망울로
예천 고을로 시집 와서
뛰는 가슴 억누르며
아들딸 낳고
뒷바라지 눈물로 지새운 한 평생

호미 들고 허리 굽혀
밭이랑이랑 잡초 뽑아내시던
어머니의 가슴은
장독대 항아리 속에 씨 간장이 되어
까맣게 묵혀갔습니다.

자식들 모두 떠나보내고
머리에 수건 질끈 동여매시고
호미질하시는 어머니
빈 가슴 쓸어내리듯
냇물이 휘돌아갈 때마다
어머니의 등 위에

하얀 땀방울 얼룩
모래알이 되어 반짝거립니다.

석송령

육백 년 전
풍기골 홍수로 동동
소나무 한 그루 겨우 살아남아
천향리에 뿌리내렸어요.

제 목숨 살려준
고마운 마을 사람들
소원을 다 들어드려야
도리가 아니겠습니까?

저를 한 동네 사람으로 돌봐주시고
사람으로 대접해주시니 세금도 바쳐야겠지요?

우리도 세금 내는데
어디 이 땅에 살면서
세금을 안 내면 안 되겠지요?
석송령 저를 먼저 떠올려 주세요.

삼강주막

지나가는 길손들이
잠시 묵어가는 삼강나루터
과거 보러 가는 선비들

이 마을 저 마을 떠돌아다니는
봇짐장수, 등짐장수들
잠시 머물다가 돌아가는
삼강주막

뒤뜰 회화나무 바라보며
돌아가고 싶은 집 생각
보고 싶은 가족 얼굴 떠올리며
막걸리 한 사발 들이켰다.
밝아오는 내일 떠올리며 발걸음 재촉했다.

삼강주막에 오면 와글와글
웃고 떠들며 짚신을 터는 소리
발 고린내 물큰 코끝이 아려온다.

창포 꽃

묵정논
한 가운데 웅덩이
창포 꽃 피었다.

여기는 남의 나라 버려진 왕국
백성들이 흘린 눈물 가득히 고여 있다.

아무도 찾지 않는 쓰러진 왕국
해마다 백관들만 찾아와 눈물 흘리고 있다.

주인 잃은 왕궁 앞 연못가
백관들 상복 입고 울부짖고 있다.

우리끼리 노랑, 파랑 편 갈라
막말하다가 이 지경에 이르렀다.

이제라도 머리 풀어헤치고
머리 감고 석고대죄
창포로 왕국의 전설을
단호하게 지켜내야 한다.

나이 들어 늙으면

친구야, 나이 들어 늙으면
우리 사이도 주름살처럼 꾸겨지더라.

너를 만나고 싶을 때 만나려 해도
서로 꾸겨진 얼굴 펴내느라고
쉽게 만날 수 없더라.

내 곁에 덧붙여진 처자식
살아가면서 서로 만나 이웃이 되고
친구가 된 사람들과 얽히고 설켜져서
주름투성이가 되었더라.

이런 우리 사이
우리가 정말 동무였던가?
생각하면 눈물 나더라.

어릴 때 동무 보고 싶어
파고다 공원을 서성거리는
꾸겨진 얼굴들
주름 펴내며 하루 종일 도란도란
동무가 되어 이야기 나누더라.

친구야, 네 생각이 나면
나는 며느리가 쥐어준
점심값 호주머니에 구겨넣고
무임승차 전철로 종로3가역
고향 동무, 저승 동무 만나러 간다.

친구야, 나이 들어 늙으면 종로로 와라.
어느 때고 만날 수 있는
어릴 때 동무들이
모두 너를 기다리고 있더라.

친구야, 네가 여기를 찾아오면
어릴 때처럼 어깨동무하고
마을 앞 느티나무 매미 울음 들으러 가자구나.

춘천까지 전철 무임승차
메밀 막국수 한 그릇 서로 나누어 먹으면서
온양까지 전철 무임승차
온천욕하고 냉 콩물국수 한 그릇 나누어 먹으면서
이 세상 떠날 때까지
어릴 때처럼 다정하게 살다 가자구나.

밤꽃

유월
석모도 가는 길
길목마다 밤꽃들이
흐드러지게 피어있었다.

백발 염색
레게머리 딴 처녀들
깔깔거리는 웃음소리 들려왔다.
코끝을 후비는
비릿한 밤꽃 냄새
물큰

오늘밤 처녀들
잠 못 이루고 뒤척거리겠다.

도봉산

바위 봉우리
우뚝우뚝 도를 닦고 있다.

도는 말할 수 없고
느끼는 것
불끈불끈

눈 뜨고도
못 보고 살아왔네.
못 느끼고 살아왔네.

당당한 네 모습 앞에
숨이 막혀
오르다가 멈추었네.
발길 되돌려왔네.

불영사 계곡

울진 산울타리
전후좌우 첩첩

노을
산 그림자
불심 넘친 골짝물
하산한다.

똑똑똑
나무관세음보살

가파른 산등성이
아슬아슬

ㄴ받침 가로질러
4로 달려간다.

해 뜨는
동해바다
찾아가는
수행 길

신라비

신라비가 울진 봉평리
논바닥에 나뒹굴고 있는 줄
아무도 몰랐다.

논바닥에 처 박혀
농사 짓는데 걸림돌이 된
바위 덩어리 하나
농부가 파냈다.

몰라본
신라 역사
다시 되살아났다.

망향정

울진 불영사 계곡
흘러온 왕피천이
동해와 만난다.

이제 떠나온 산골짝
모두 잊어야 한다.

이제 망망한 바다로
달려가야 한다.

송강이 동해를 바라보고
별곡을 노래한
관동팔경 망향정

날마다 수평선 끝에서
아침 해가 불끈 솟아오른다.

물비늘 반짝거리며
출렁출렁 하루를 연다.

월송정

소나무 숲
월송정 누각에 오르면
한눈에 동해 바다가
두루마리로 펼쳐진다.

안축, 이곡, 김시습, 이산해가
동해를 바라보고 시를 지었다.
정선이 그림을 그렸다.

관광객들은
휴대폰으로
솔숲과 동해바다
찰칵찰칵

평해 황씨 시조 종택

월송정보다
먼저 자리 잡았다.

한나라 사신 황락
베트남으로 가다가
풍랑 만나 이곳에 정착했다.

금강송림 사이
터 잡은 평해 황씨 시조 종택
연못 정원

연꽃이
정자를 보듬고 있다.

구수곡 계곡

매 닮은 응봉산 자락 사주목산
용문터골, 제단골, 엔기골,
끔억솔골, 점터골, 옷밭골,
옹달골, 보수골, 작은 구소골
아홉 계곡

흐르는 물
용소, 웅녀 등 낭떠러지
열 번 뜀뛰기

금강소나무 숲 군락
울컥 솟구친
송이 향기

구수한 18번 구수곡 노래방
노래 연습
두천천, 남대천
열린 음악회

연어들이 기웃기웃
귀향하고 있다.

임원 항

삼척 원덕 임원항에는
헌화가와 해가가 다시 태어났다.

가파른 돌산 올라가
철쭉꽃 수로부인께 바쳤다.
소 몰고 가는
늙은이가 헌화가를 바쳤다.

동해 용 나타나
수로부인 데려간 바다
해가를 불렀다.

고깃배들이 왔다갔다
그물로 끌어올린 물고기들을
임원항에 풀어놓는다.
생선 냄새 비릿비릿
꽃향기 아른아른

해맞이 수로부인 진실
허리 굽은 늙은이 대신
승강기가 오르내리고 있었다.

까치

까치는
과수원 잘 익은 과일
척 보고

가을 먼저
맞아들인 과일
척 보고

코꼭코꼭
까악까악
까발린다.

복숭아 서리

캄캄한 밤
복숭아밭 살금살금
나뭇가지 붙들고 팔을 휘저었다.

팔에 부딪히는 촉감을 따라서
뚝뚝뚝 복숭아를 따서
허리춤 옷가지에 껴안았다.

두근두근 방망이질 해대는 가슴
동네 친구들 앞에 모두 펴놓고
우리는 훔친 복숭아 베어 물었다.
입안에 고여 오는 달콤한 복숭아 맛
코끝을 벌름거리게 하는 그윽한 향기

모기도 내 몸 서리 서릿발 곧추세우고
내 몸에 달라붙은 복숭아털 온몸을 쑤셔왔다.
가렵고 따가와도 입안에 고이는
달작지근 복숭아 단물로 참아내며
배 터지게 먹고 또 먹다가 남은 복숭아 싸들고
집으로 돌아왔다.

우물터로 달려가

두레박으로 물 퍼 담아
온몸에 쫙쫙 퍼부어댔다.
가렵고 따가운 몸 물로 씻어내도
좀처럼 가라앉지 않았다.

몸 뒤척거리며 잠 못 들었던 여름밤
아침에 일어나 머리맡
어젯밤 서리해온 복숭아를 바라보았다.

달콤한 복숭아 향기 뒤적거리고 있는
내 손짓 같은 복숭아에 달라붙어 있는
벌레들의 움직임을 보았다.
어젯밤 혀끝 물큰 달콤한 맛이
바로 저 애벌레였다니 갑자기 뱃속이 뒤틀렸다.

복숭아는 밤에 먹어야
제맛이 난다고 하시던
할아버지 말씀이 생각나
비시시 혼자 웃었다.

가로등

인도와 차도 사이
길 따라 가로수와 나란히
길을 내려다보는 외눈

밤길
어둠을 밝히는
환한 눈빛
밤길
운전 조심하세요.

허리춤 V자형 꽃이 위에
태극기를 꽂고
꽃 치마를 입고
바람 부는 날
들추어진 마릴린 먼로의 꽃 치마 밑
욕망이 어지럽다.

방구함
전세 놓음
빌라 매매 역세권
영수과외

개인회생 파산신청 빚 탕감
떼인 돈 받아드립니다.

제5부
되돌아보는 길

을숙도·1

을숙도 철새들
머물다 간다.

ZZZ
강물 위에 동동

갈대밭 둥지 틀고
알을 낳고
새끼 치고
을로 살다 간다.

을숙도·2

비바람 갑질
강물에
떠밀렸다

을이 된
모래 알갱이들
을숙도
모두 모였다

을숙도·3

을숙도
가을 억새꽃
흔들흔들

철새 맞이
준비 완료

을숙도 · 4

을숙도 모시옷
여름 땀띠
메밀꽃 활짝 피었다.

에코 센터 핑크뮬리
가을 철새 맞이
노을이 내려앉았다.

을숙도·5

을숙도
갈 숲

강물에 발 담그고
흔들흔들

철새들
자장가 불러준다.

천사대교

뱃길이 다리로 이어졌다.
압해도 송공에서
암태도 신석까지
집게발 교각
소작쟁의 깃발 높이 쳐들었다
축 늘어진 어깨 곧추세웠다.

천사의 날개 쫙 펴들고
두 섬이 어깨동무
흔들흔들 만세! 만세!

이제 우리는
섬이 아니다.

암태도 소작쟁의

일제 앞잡이
지주 땅 빌어서
농사짓는 소작 농부
터무니없는 소작료
분노 깃발 높이 들었다.

논 빌려주고 가만히 앉아
배 떵떵거리지 말고
조금씩 같이 나눠먹고 살자.

땀 흘려 일하고 거두어들인 곡식
서로 사이좋게 나누면 우리도 억울하지 않다.
땀을 흘린 우리들도 굶지 않게
적당히 소작료를 받아가라.
우리도 밥 먹고 살아야 하지 않느냐?

지주나 소작인이나
모두 빼앗긴 나라
주인이 뒤바뀌었다.
같은 처지 동족들끼리
서로 더 많이 갖겠다고
이제 지랄은 그만 하자.

무화과

압해도 길거리
무화과 좌판

젖 불어 뚝뚝 떨어지는
젖꼭지 부둥켜안고 달려왔다.

앞에 놓여 있는
압해
무화과 모정

운림산방

첨찰산
산봉우리 밑
소치 화실

뜬구름
붓끝으로
화폭 속에
가두어 들였다.

다 못 가둔
구름들 떨어져
정원 연못에 모였다.

연못 수련 잎 사이
뻐끔뻐끔 비단잉어들
살아있는 그림을 그린다.

그림 속에
갇힌 구름들
움씰움씰
기지개 켠다.

신비의 바닷길

진도 회동과 모도 사이
일 년에 두 번 바닷길이 열린다.

으르렁으르렁 호랑이 피해
마을 사람들 모도로 몸 숨겼다.
미처 피하지 못한
뽕 할머니 홀로 남았다.

비나이다. 비나이다.
호식 당하지 않게
바닷길 열어주세요.

뽕 할머니 기도
바닷길이 열렸다.
지금도 여전히
뽕 할머니 기도는 유효하다.

진도 회동과 모도 사이
일 년에 두 번
바닷길이 열린다.

세방낙조

한국의 아름다운 길
진도 지산 바닷가
굽이굽이 진도 아리랑

해지는 바다
옹이 박힌 섬들 올망졸망
물비늘 출렁출렁

여기서 나고 자란
송가인 트로트
신명난 가락 너울너울

여기는 전망 좋은 곳
바닷길 따라 꿈틀꿈틀
오르고 내리며 꿈길을 간다.

팽목항

영화 아닌 데도
발 동동 바라봤다.

팽 당한
젊은 목숨

우리는
모두
옐로카드

금골산

진도
비바람은
거세었다.

수만 년
금골산
탈골되었다.

작은 힘도
되풀이하면
벼랑 깎는다.

복길 선착장

무안 승달산 허리춤에
복주머니. 복조리 달랑달랑

끈 따라 복길마을에 가면
복주머니 속 서해바다에 보인다.

언덕 고샅길 내려가면
바다를 묶어둔 복조리 선착장

날마다 지는 해
조리질하는 서해바다
노을이 머물다가
어둠 속에 몸 숨긴다.

썰물 복조리로
건져올린 배들이
갯벌 위에 누워
밀물을 기다리고 있다.

되돌아보는 길

산모롱이 돌아가다
되돌아보는 길

먼 옛날이 가물가물
낡은 밧줄에 끌려왔다.

가슴 한가운데
올망졸망 매달린 집들
모두 끌려와
파노라마로 펼쳐놓았다.

다시는 되돌아갈 수 없는 길
해마다 풀어놓은 밧줄을
끌어당기기를 되풀이했다.

살아있다는 것은
되풀이되는 봄, 여름, 가을, 겨울,
되돌아갈 수 없는 길
녹화기 재생버튼을 눌러대는 것

하늘로 솟아올라
펼쳐놓은 한 순간 불꽃

뎅그렁뎅그렁 종소리

지나온 길 만났던
낯익은 얼굴들

도시의 불빛은
밤마다 반짝거리지만 항상
흐릿흐릿 흔들려보였다.

가끔 맨 처음
걸었던 길을 찾아가보았다.
산과 들에 강물이 흐르는
산모롱이 그곳에 내가 있었다.

산모롱이 지나온 길
그곳에 겹쳐놓은 밧줄에 묶인
집들과 사람들이 별이 되어
밤하늘에 반짝거리고 있었다.

삼청공원

삼청공원
말바위 오르면
서울 시내가 한눈에 들어온다.

내려다보는 빌딩들
올망졸망
도로 위
움직이는 차들

아파트

층층이 겹쳐서
뜨겁게 가깝게
모여 살자고
산비탈이 허물어진다.
논과 밭이 사라진다.

산짐승이 살던 자리
커다란 섬에
사람이 벌집을 짓는다.
빌딩이 들어선다.
아파트가 들어선다.

하루 종일 빌딩에 있다가
자동차를 타고
밤이면 보금자리를 찾아든다.
아파트 군데군데 불이 켜진다.

가족들이 오손도손
살아가는 벌들의 방

레미콘 트럭

달리는 물맷돌
다윗의 어깨를 벗어나자마자
쏜살 같이 달려간다.

골리앗의 눈과 마주친 시멘트 가루
임종을 앞둔 공사장으로 달려간다.

조금이라도 늦으면
유언도 남기지 못한 체
무덤이 되어야 할 운명

거대한 전자팽이 같은
물맷돌 돌아가며 레미콘 트럭이 달려간다.

골리앗의 거대한 크레인이
물맷돌 레미콘 트럭을 겨냥했다.
아파트 신축 공사장
하늘로 솟아오르는
콘크리트의 무덤

까치 한 마리
부산한 날갯짓으로

부리 끝에 나뭇가지를 물고
날아오고 있다.

위로

위로 오르기
힘들지?

내려다봐
아래가 있잖아

쳐다보다
목 아프면,

가끔 고개 속여
내려다볼 줄도
알아야 해

영종도

永宗島는 긴 마루의 섬
하늘도시
세계로 나아가는 하늘 길
낯선 나라로 가는 사람
낯선 나라 사람이 서로 오가며
새로운 만남이 이루어지는 정류장이다.

심장이 뛴다
대한민국 심장이 뛴다
영종도에서 뿜어내는
뜨거운 피가 지구촌을 향해 뛰어간다.
지구촌을 뛰어 돌아다니다가
되돌아오는 심장 뛰는 소리

영종도에는 날마다 하루 종일
힘차게 오르내리는 비행기들의
우렁찬 굉음이 들려온다.

궁궝궁궝 지구촌 사람들이
설레는 가슴으로
초롱초롱한 눈망울을 굴리고 있는
저 순수한 모습을 보라.

영종도에 가면
꺼지지 않는 그리움이 있다.
가슴 한복판에서 북받쳐 오르는
뜨거운 눈물이 있다.

내장산

어귀야 어강됴리
아의 다롱디리영종도

백제 시대 정읍 아낙네
달 보고 행상 나간 남편을 기다렸다.

사랑해요.
보고 싶어요.

어귀야 어강됴리
아의 다롱디리

그 뒤부터 가을마다
정읍 아낙네 단풍이 되어
내장산을 찾아왔다.

저, 여기 있어요.
절 보러 오세요.

대왕소라 껍데기

태평양에서 자랐다.
귀 큰놈들은
저마다 송곳을 가지고 있다.

바다 밑바닥
딱딱한 껍데기 귀 열어두고
나선형 삐틀어진 자세로
양쪽 끝에 귓바퀴와 송곳 놓고
서로의 무게를 저울질하고 있다.

어부에게 잡혀
뱃속을 깨끗하게 비우고
빈 껍데기 나팔수 전쟁 시작 나팔 불다가
이제 국회의사당에 모두 모였다.

개기름 바르고 삐까번쩍
여의도 섬에 갇혀 대왕나발 분다 .

귓밥 가득 차 귀머거리
한 표 던진 사람들
까마득히 잊어버리고
소라소라소라

소란스럽다.

철딱서니 없이
금뱃지 달고 의자에 앉아
거드름 피우며 물결치는 데로
철썩철썩 옥신각신

아직도 전쟁터 소라나팔이냐?
SOS 구조나팔이냐?

너희들은 대왕이 아니다.
국민의 소리 전달하는
빈 껍데기 공명함이다.

귀이개로 귓밥 후벼 귀 활짝 열고
한 표의 가려운 곳 긁어주는 귀이개 되어라.

가을 일화

지난 여름 아파트 11층 베란다
무심결 수박씨 뱉었다.

상강이 가까워지는데
화분 위에 수박씨 초록 덩굴 뻗고

아침마다 창밖 매봉산
내다보고 있었다.

어젯밤 귀뚜라미
요란하더니만 덩굴이 축 늘어졌다.

엉겁결에 태어난
조선 서얼들

꽃도 열매도 맺지 못한 채
찬서리 맞는
어사화 꿈

곰삭은 편지

아라뱃길
내려다보이는
영종도 휴게소에는
곰삭은 편지가 때를 기다린다.

내 뱃속만 챙기려는
밴댕이도 곰삭혀야
맛깔스런 젓갈이 되듯이

너를 떠올리며
한 자 한 자 느리게 쓴 편지

먼 나라 여행
너를 가슴에 담고
공항 가는 길

오래오래 묵혀둔 그 순간 내 마음
느린 우체통에서 너에게 전달될 때

곰삭은 밴댕이 젓갈처럼
전해졌으면 좋겠다.

무당거미

가을 간이역
무궁화 가지 끝
무당거미 거미줄 쳤다.

땡땡땡
철도 건널목 차단기 내렸다.
기차가 달려간다.

금테 모자 들국화 역장
거수경례

노을이 거미줄에 걸려 휘청거린다.
차단기가 올라간다.
무당거미 모퉁이로 달아난다.

제6부
진달래 꽃

보문사

강화도 석모도
낙가산이 돌모자 썼다.

어망에 걸린 돌멩이
바다에 버렸는데 또 걸렸다.

꿈속 노승의 말씀대로
돌멩이를 석굴 앞까지
옮기려다 무거워 멈춰선 자리
가파른 산비탈
보문사가 들어앉았다.

보문사에서 내려다보면
바다가 밴댕이 창자다.
옛 전설이 갯벌에 펼쳐진다.

소서전

우리들은 농부들과 함께 논밭을 일구며
새빠지게 일만하고 살다가 일생을 마감했다.
사람들은 우리들을 썩지 못하게 막았다.

몸뚱이는 갈기갈기
가죽은 벗겨져 옷을 만들어 입고 다녔다.
북을 만들어 두드렸다.
구두를 만들어 밟고 다녔다.

자기네들은 뻰뻰하게 썩어가면서도
우리들은 죽어서까지 썩지 못하게 막았다.

우리들은 방부제가 아니다.
우리들도 썩어서 자연으로 돌아가고 싶다.
가죽이 아니라 이름을 남기고 싶다.

돼지 열병

파주에서
아프리카 돼지 왕이 나타났다.
모두
멧돼지가 데려왔다.

아프리카 돼지 왕 돼지 열병
돼지 몸속에 몰래 숨어들어
우리 함께 죽자
아우슈비츠 살생부

돼지가 살고 있는 동네
찾아오는 모든 사람들에게 소독약 세례
아프리카 왕을 꼼짝 못하게 모두 순장해라

달동네 식당

천천히
많이 먹어?

많이 먹고 있어요.

많이 먹었니?

너무 많이 먹어
배불러요.

맛집

여기 맛집이야.
맛있게 먹어?

맛있었니?
감칠맛나는
음식만 먹었어요.

고급 식당

맛깔나는 음식
향기 너무 좋다.

은은한 음악
분위기 끝내준다.

어깨
으쓱으쓱

시를 쓰는 까닭

내 시는
내 삶의 기록이다.

살면서 순간순간
문득 떠오르는 생각
가슴 뜨거워질 때
끄적거린 흔적

나만의 생각을
언어로 압축했다.

많은 사람들이
내 마음에 공감하기를 바라며
나는 시를 써왔다.

시를 쓰는 순간만큼은
사랑의 꽃이 활짝 피어났다.
그 향기가 좋아 나는 시를 써왔다.

산수국 꽃

지리산 피아골
산수국 꽃 피었다.

벌 나비들조차
눈길 주지 않아 너무도 서러웠다.

큰 품으로 감싸주고
어깨 다독여주는
헛꽃의 꼬드김에 숨어든 숲속

헛꽃 쫓아오는
끈질긴 벌떼들이
이렇게 무서울 줄 정말 몰랐다.

이럴 줄 알았으면
차라리 꽃만 피우고
서러워하지 말 것을

헛꽃, 헛바람
파르티잔
밤이슬 차갑다.

여민락

백성 사랑하는 세종
황·태·중·임·남·무
백성과 더불어

가슴 울리는
선율
우리 가락

착한 마음
한글로 녹아든다

송이버섯

가을 울진 계곡
맑은 물소리
금강소나무 아래
송이버섯 송송송

수북수북 솔잎 아래
송이버섯 꼭꼭 숨어 자랐다.
솔향기 솔솔솔

아무리 꼭꼭 숨어도
산마을 사람들은
금방 찾아낸다.
코 벌름벌름

술래가 찾아낸 송이들
뽈뽈이 삿갓 쓰고
시장 구경 나왔다.

술래가 못 찾은 송이들
금강송이 달고나
지나가는 솔바람
군침 흘리고 간다.

베르네 천

부천 원미산 산자락
진달래꽃, 복숭아꽃 활짝

꽃향기 산허리 굽이굽이
시냇물 따라 랄랄랄

큰 망골, 작은 망골 지나
베르네 천에 다다르면
매미들의 감탄사 연발

바람 불 때마다
수양버들 긴 머리 한들한들
꽃향기 쓸어 모은다.

새벽 물안개 모락모락
산수화 풍경 속
자리 잡은 성곡 배움터

도담도담 자라나는 어린이들
해맑은 노랫소리

성스러운 곡간 가득

차곡차곡 가슴 한켠 뭉클

날마다 내일을 위해
용문 오를 채비하는
물고기들의 뻐금질 소리
함박 웃음꽃으로 피어난다.

요정굴뚝새

호주에다 서버를 두고
지구촌 바람둥이들에게
동영상을 보낸다.
얼굴도 모르는 가상의 세계
멋진 수컷과 짝짓기
누구 새끼를 낳든
돌볼 줄 아는 수컷이 요정이다.

빈둥빈둥 욕정에 사로잡힌 놈팡이
요주의 수컷은 요정이 아니다.
가상 동영상 속에서 갇혀 사는 혼자 사는 새다.

너 좋고 나 좋으면 서로 좋은 일
주지 않고 받기만 해서는
굴뚝에 연기날 수 없다.
아낌없이 주는 멋있는 수컷이어야
우리 가족을 위해 꼭 필요한 요정이다.

해당화

여름 오후
무의도 가는 길

쇠울타리 건너
파도가 넘실넘실
쌓아놓은 축대를 넘보고 있다.

초록 울타리 너머
빨간 모자 쓴 낚시꾼들
낚싯대를 드리우고 있다.

해당화 열매 찌
촘촘한 가시 매달고
바다 속 소식
귀 기울이고 있다.

구지뽕

감나무냐?
뽕나무냐?
아리송

뽕뽕뽕 갈팡질팡
이리저리 왔다갔다 탁구공이냐?
쇠막대로 얻어맞고
줄행랑치는 골프공이냐?

함께 탁구 치고
골프 치던 사람들 생각

화끈화끈
탁구공으로 골프공으로 날아온다.

그때 그 순간들이
뽕뽕뽕 물컹물컹
가슴이 울컥거린다.

황닷거미

황닷거미는
거미줄을 치지 않는다.
집을 짓지 않는다.

산과 들, 개울
떠돌아다닌다.
자유롭게 살아간다.

논두렁 밭두렁 돌아다니며
벼멸구, 이화명충 잡아먹고 살았다.
누군가에게 도움을 주는 일인지도 몰랐다.

연못 물풀 위
물고기 사냥도 하며
물속 세상도 엿보았다.

펄쩍펄쩍 뛰어다니는
개구리도 해치우며
제 힘 믿고 날뛰는 무리들
닻도 내려주었다.

말굽버섯

가을산에 오르면
왜군들의 파말마
말발굽소리 들려온다.

자작자작
자작나무숲

농사 짓다 총 겨눈
의병들 모습 아른아른

쓰러져
이끼 낀 나무 위에
다닥다닥
말발굽 자국

지워지지 않는 임진년
한반도 생채기

아버지의 고향집

할아버지께서 살았던
빈 기와집

와송들이
지붕 위에
차례상 차렸다.

너덜너덜 격자 문짝
구멍 송송 창호지
집안 구석구석 거미줄 부적
봄이 오면 찾아오던
제비들도 발길 끊었다.

툇마루
켜켜이 쌓인 먼지 층
그 위에 길양이
발자국 방명록

아버지 어린 시절 사진첩
마당 가득
개망초 꽃들 한들한들

코로나 바이러스19

코로나 나온다.
코로나바이러스 19
입 막아라.

꼼짝 말고 집안에 틀어박혀
십사일 근신해라.

서로 만나 입으로 거짓말
벌거숭이 임금님
이제 똑똑히 보여주마.

산을 허물고 빌딩을 세우고
마구 쓰레기들을 쏟아낼 때부터
내 그럴 줄 알았다.

눈에 보이지 않는 신들만 믿고
제 잘났다
악마들을 키울 때부터
내 그럴 줄 알았다.

금수저로 태어났다.
더불어 살지 못하고

빈번한 해외 나들이할 때부터
내 그럴 줄 알았다.

보이지 않는 하찮은 바이러스가
너희들의 높은 콧대를
팍 꺾어놓을 수 있다는 것을
이제 알았느냐?

코로 나와
네 몸에 달라붙은 네 이웃 확진자
이제 만나는 것도 두려울 거다.

냄새 맡지 말라
입으로 말하지 말라
손발 싹싹 씻고
코도 막고
입도 막고
마스크 쓰고 근신해라.

진달래 꽃

산마을 구불구불
산길 모롱이
꼬부랑 할머니네 집

날마다 산밭에 호미 들고
쭈그리고 앉아
잡초 뽑아내고

이랑이랑 산새 울음
심으시더니
꽃샘추위
콜록콜록
꽃상여 타셨다

구불구불 산길
진달래 꽃 한들한들
만장기 펄럭펄럭

봄비

봄비
촉촉

꽃잎
활짝

새싹
쑥쑥

서와로 선인장

아리조나 소노란 사막
여기저기 기둥 세워놓았다.

사막 동물들에게 보금자리 되어준다면
그늘이 되어준다면 무얼 바라겠느냐?
일 년에 겨우 손가락 한 마디 더디게 자라도
무슨 대수겠느냐?

따가운 햇살 가시바늘 곤두세웠지만
목마른 이들끼리 서로 다둑거리면서
살아가야 하지 않겠느냐?

해마다 열리는 딱 하루만의 꽃잔치
선인장굴뚝새야, 작은긴코박쥐야, 흰날개산비둘기야
별빛 총총 꿀 향기 날아드는 밤 꼭 초대하마.
우리들끼리 서로 위로하는 잔치를 벌이자구나.

칠백의총

금산 의총리
임진년 왜군과 맞서 싸우다
칠백 명의 의병들이 땅에 묻혔다.

남의 나라 짓밟은 불한당은
마땅히 몰아내야 도리다
대대로 물려온 금수강산
목숨 바쳐 싸우다 인삼이 되었다.

우린 장뇌葬腦가 아니다.
조상들이 묻힌 땅을 지키는 인삼人蔘이다.
칠백 뿌리 인삼이 한데 묻힌
의총리 인삼이다

갯벌낙지

갯벌 속 여러 개 거짓 구멍
부럿 속에 숨어있다가
물이 차오르면 머리통에서 물 뿜어내며
바다 속을 헤엄친다.

온통 먹물뿐인 콘돔 낀 머리통에
두 눈, 그리고 입 빨판 덕지덕지
여덟 개 긴 다리 흐믈흐믈 춤을 치며
갯벌 속 빈 강정들을 노린다.

갯벌 속에 숨어 밖을 내다보는
딱딱한 두 껍데기 벌렸다 닫았다
짠돌이 조 영감 라디오의 안테나 눈 까닥까닥
집게발로 재빨리 먹잇감을 노리는
칠칠맞은 철석 게 망나니 사장
아무리 보호막을 친들
아무리 날쌔다 한들
대가리 먹물 뿜어대며 여덟 개 발로 착 달라붙어
끝장내야 직성이 풀리는 저승사자

너희들의 전 생애가
한 순간 흔적 없이 사라진다.

밥이 되어준 조개들
빈껍데기 두 조각은 기념으로 남겨놓겠다.

들판 산책

영산강변
봉곡 들판

싸목싸목
논둑길
노을 산책

길가
노랑 민들레
방긋방긋

손주
봄
일기장

이팝꽃

살아계실 때 보릿고개
곪주린 배 움켜잡고
이팝꽃 고봉 쌀밥 쳐다보며 군침 흘렸다.

하얀 머리 하얀 수염
고조, 증조, 할아버지……
찬물 한 대접 꿀꺽꿀꺽
에헴, 에헴 헛기침
뒷산에 올라 찔레순, 송기 벗겨 먹고
배고픔을 달랬다
오월 바람 이팝 꽃 활짝
가지마다 고봉 쌀밥 듬뿍

단오 축제 날
뒷동산 그네 타는 아낙네들
마을 당산나무에서는 씨름 한 판
꽹과리, 징, 장구, 북, 소고
신명 난 농악놀이 한 판
성황당 당굿 막걸리 한 사발 덩실덩실

오월이다. 이팝꽃 고수레
잘잘한 하얀 박수소리

제7부
장수말벌의 증언

잡초·2

바람이 실려 온 씨앗들
새싹 돋아나 앞 다투어
쑤욱쑤욱

뽑혀도 뽑혀도
차례차례 쏘옥쏘옥

이름 잘 몰라
싸잡아 잡초들

줄기 뻗자마자
아낙네들의 호미질 마중
뿌리째 뽑힌다.

개구리·1

여름밤 무논에서
참말로 개망나니
구질구질 리사이틀 벌이고 있다.

수컷이라고
볼 양쪽에 울음주머니 달랑
오물 부풀
벌렁벌렁

밤새도록
별들은
깜박깜박 바라만 보고 있다.

철면피 깨복쟁이
수캐구리 목청 높인다.
개굴개굴

개구리·2

여름 밤마다
무논에서
개구리
훌쩍훌쩍

개개개구구구리리리
개구개구개구구리구리구리
개구리 울음소리

노총각들
동남아 신부 맞아
가갸거겨고교구규
한글 공부

할머니들
자식 걱정
ㄴ 빈 유모차 앞세우고
ㄱ 등 굽은 채로
개굴개굴

나무

나무는
새들의 쉼터

숲속에서
온갖 새들이
찾아와 노래한다.

나무 없는 집에는
새들이 찾아오지 않았다.
아무리 곡식이 많아도
찾아오지 않았다.

숲이 없어도
나무가 없어도
찾아오는 새가 있었다.

먼 길 찾아와
잠시 머물다가는 제비와
음치 참새

파리

찬밥 더운 밥
가리지 않는다.

반기는 사람 없어도
냄새 잘 맡고 제멋대로 찾아와
천연덕스럽게 주인 행세
넉살이 좋다.

음식상에 달려들어
주인이 맛보기도 전에 제가 먼저 맛을 본다.
핥고 빨고 뱉고 무조건 제멋대로다.

쫓아내도 또 달려들어
빌고 또 빌고
체면도 없다.
염치도 없다.

남이야 어찌 되든 내일 죽을지라도
우선 먹고 보자는 똥배짱
제 욕심만 채우면 그만이다.

접시꽃

당신을 만난 순간부터
얼굴이 화끈거렸어요.
가슴이 두근거렸어요.

내 마음 당신 집 앞에 말뚝으로 박혔어요.
날마다 당신 얼굴 보려고
담장 너머 까치발로 기웃거렸어요.

순백의 눈길로
담장 가를 서성대는
설레발 까치발 높이만
층층이 쌓여가네요.

오직 당신 생각뿐인
내 가슴은 유월 뜨락
정말로 내 마음 나도 모르겠어요.
내 가슴 속에 카멜레온 한 마리 꿈틀거려요.

악어

큰 입으로 닥치는 대로 통째로 씹어 삼켰다. 입에서 내뱉는 말은 찢긴 살점 조각들과 분홍 핏물뿐이다. 험한 입, 날카로운 송곳니, 단단한 턱은 아무리 덩치 크고 힘이 세더라도 내 앞에서는 어림도 없다. 내 치아를 청소해주는 악어새를 제외하고 내 곁에서 까불대는 것들은 여지없이 한 입에 덜컥 흔적도 없이 사라지고 만다. 내가 입을 벌리면 아무리 강한 자라도 끝장을 보고야 만다. 나는 위대한 독재자다. 그 누구도 나에게 명령할 수 없다. 그 누구에도 패배한 적이 없다. 이제 나는 힘을 잃었다.

어느 날부터 강이 썩어가고 악취와 검은 기름 덩어리가 내 몸을 휘감기 시작했다. 머리털 뽑힌 삼손이 되고 말았다. 단단한 갑옷이 흐물흐물해지더니, 숨을 쉴 수가 없다. 그런데다가 치통이 왔다. 악어새도 발을 끊었다. 입을 벌리려고 해도 벌려지지 않는다. 처음으로 몸이 떨리고 모든 것이 귀찮아졌다. 난 악 소리도 못 지르고 온몸을 비틀어댈 힘도 없다. 내 힘을 빼앗아간 자가 누구냐? 내 앞에서 사실을 털어놓더라도 나는 너를 응징할 힘이 없다.

"악어"의 받침이 빠졌다. 나는 말 못하는 "아어"가 되었다.

민물낚시

물속 붕어에게
물음표 던졌다.

살기 위해 먹느냐?
먹기 위해 사느냐?

낚시 바늘 끝에
먹잇감 매달아
붕어에게 물었다.

설문지 앞
응답 찌 까닥까닥
방울 딸랑딸랑

낚싯대 거머쥐고
응답 끝나자마자
설문지 거둬들였다.

파닥파닥
길길이 날뛰면서
뻔히 알면서 왜 묻느냐?
살기 위해 입 벌리다가

설문조사에 낚였다
낚싯대 휘청휘청
온몸 붕 떴다.

왕대밭

왕대밭에서 태어났다
때를 놓치면 끝장난다.
더 좋은 기회는 없다.
위만 보고 무조건
머리를 들이대야 한다.

절대로 한 눈 팔면 안 된다.
바람 불 때마다 뿌리들의 잔소리
서걱서걱

층층이 오르면서 겹겹이 덮여놓은 껍질
탄피 튀기듯 차례로 벗겨내며
위로만 솟구쳐 올라갔다.

식은땀 주르르 이제는 뒤돌아볼 때
기지개를 쭉 뻗었다.
바람이 불어왔다.
우수수 초록빛 가지가 휘청거렸다.

한삼덩굴

나는 밑바닥 천덕꾸러기
흙수저로 태어났다.

한 많은 삶
척박한 땅 내쳐지더라도
억척스럽게 뿌리내리고 악바리로 살아남아야 한다.
앞을 막는 것들은 닥치는 대로 무조건 기어올라야 한다.
남이야 죽든 말든 가시줄기 덩굴 칭칭 감고 올라가서
시침 떼고 당당하게 큰소리 치고 살아야 한다.

남의 땅도 무조건 내 차지
한심한 불한당이라 해도 어쩔 수 없다.
타고난 성깔대로 살아갈 뿐이다.

나는 사람이 아니다.
염치도 모른다.
양심도 모른다.
눈이 뒤집혀 사는 환장한 세상 독기 품지 않으면 짓밟힌다.
한심한 놈이라고
야비한 놈이리고
욕해도 개의치 않겠다.
가진 것 없는 놈은

가시와 독기를 품고
악바리로 살아야 살아남는 세상
나는 밑바닥 천덕꾸러기
나도 한번 떵떵거리고 살고 싶다.

아주까리

아주 까 보여줄까?
피
맛 좀 볼래?

내 초록 표창은
항상 날카롭다.

키 크고 속 빈 속물들이
할 수 있는 일이
뻔하지 않겠느냐?

피멍 든 내 속을
누가 알겠느냐?

아주 까놓을 수 없는 피마자다.
벙어리 냉가슴만 앓고 있다.

대밭에서

대국들의 싸움은 대단했다.

서걱서걱
사분사분
서로 눈치를 살피면서
서로 발길을 달리했다.

야금야금 수십 겹
매듭 뿌리 발 뻗으면서
제 잇속을 위한
물밑 작업 중이었다.

봄이 오면
숨겨온 속셈을 드러내면서
여기까지 우리의 영역이다.
더 이상은 물러설 수 없다.

뾰쪽뾰쪽
죽순 날을
들이밀었다.

도둑고양이

죽어도 삿갓은
쓰지 않겠다.

점잖은 선비 몸짓
게 폼 잡고 거드름 피우는 일
딱 질색이다.

빌어먹더라도
내 맘대로 돌아다니며 살겠다.

죽어도 구걸은
하지 않겠다.

시 한 수
밥과 잠자리 구걸
구질구질한 김삿갓
딱 질색이다.

쓰레기더미 뒤지더라도
쏘산하게 살지 않겠나.

야옹야옹

아기 같은 울음
골골골
졸음 같은 울음

얻어먹고 사는
거지가 아니다.
남의 음식 훔쳐먹는
도둑이 아니다.

발톱도 숨기고
날렵한 재주도 숨기고
떠돌아다니는 나그네

고고한 양심으로
이 땅의 쥐새끼들을
야옹야옹 응징하고 살아가는
옹고집이다.

두꺼비전

낯 두껍다. 몸도 두껍다.
얼굴 두껍지 않으면 살아갈 수 없는 환장할 세상
염치없이 들이대는 놈이 떵떵거리는 것을 좀 보게나.
거참, 꼴불견이네 그려.

정말 어처구니없는 세상이네 그려.
사람의 탈을 쓴 도깨비들이 떵떵거리고 사는 세상
여기저기 온통 난장판이네 그려.
배웠다는 놈들은 도대체 무엇을 배웠다는 말인가?
사람의 도리조차 배우지 못한 헛공부로 우골탑에 올라
제 잇속 챙기느라 바쁘게 움직이고
거드름 피우는 꼬락서니들 보게나.

사람이 사람 노릇 못하면
짐승만도 쓸모가 없다네 그려.
짐승은 사람을 위해 몸을 기꺼이 바치지만,
우둘투둘 온몸 독기 품은 두꺼비 등 두드러기를 좀 보게나.
습지에서 어슬렁거리다가 떼거지로 엉금엉금
마을을 기웃기웃 닥치는 대로 날름날름
혓바닥으로 살생하는 저 망나니

조심하게나.

낯 두꺼운 놈들이 감투 탈 쓰고 가짜행세
저놈들이 숨겨놓은 코로나 바이러스 살생부
언제 누가 그 명단에 기록될지 그 누가 알겠는가?

낯 두꺼운 두꺼비를 받들고 살지 않는지
가계부를 꼼꼼히 살펴보게나.
두꺼비는 절대로 힘없이 죽은 척하는 놈들은 노리지 않는
다네.
펄쩍펄쩍 뛰는 싱싱한 놈들만을 노린다네.
조심하게 그놈들의 눈치를 살피느냐
피땀 흘린 대가를 치루지 말게나 .
똥이 무서워서 피하냐는
낯 두꺼운 변명은 하지 말게나.

도꼬마리

일본 도쿄에서
해마다 버려지는 애완견은
빈 땅에 돋아나는 도꼬마리
개체수 정도는 될 거다.

키우다가 싫증 나면
애완견도 마구 버리면서도
이웃 나라 땅
자기네 땅이라고 도꼬마리 퍼뜨렸다.

임진년, 을사년
풍산개, 진돗개를 애완견으로 길들여
독사 혓바닥 널름거리며
가시 돋친 도꼬마리 씨앗
남의 땅 차지하고
마구 퍼뜨려놓았다.

남의 땅에 기르다가
애완견들 버리고 가더니
그 버릇 못 버리고
이웃나라 독도를 자기네 땅이라고
또 줄곧 틈만 나면 우겨대곤 했다.

눈치, 코치, 염치도 없는
꽃향기도 못 맡는
축농증 환자들

치료약은
너희들이 뿌려놓고 간
피마자 열매다.
가시투성이 독고마리 열매다.

잡초 트로트 일대기

우리들은 이름 없는 잡초들이다. 고향 떠나 도시의 산동네에 어떻게 자리 잡고 살게 되었는지 우리들은 모른다. 그저 흙수저를 물려받았다는 사실만을 알고 있을 뿐이다. 우리들을 싸잡아 아랫마을 사람들은 잡것들만 사는 잡초마을이라고 손가락질하곤 했다. 그렇지만 흙수저로 태어난 우리들이 번듯한 집은 아닐지라도 비바람은 피할 수 있는 자리를 잡고 살고 있다는 것만으로 다행이라고 생각했다. 같은 처지의 마을 사람들끼리 형제처럼 오손도손 정을 나누며 살아왔다.

초라한 움막집이라도 짓고 살 수 있는 땅이 있다는 사실만으로도 얼마나 고마운 일인가? 산 아래 동네는 바둑판같이 구획정리 잘 되었다. 정말 그림 같은 거리였다. 기와집, 슬라브 주택, 빌딩을 내려다보는 재미로 살아왔다. 저들은 부자로 살지만 우리들은 저네들보다 높은 자리에서 내려다볼 수 있다는 기쁨으로 살아왔다. 그렇지만 우리들은 번듯한 집이 아니라 겨우 비바람만 피할 수 있는 비닐하우스 집을 짓고 살기 때문에 우리 자식들만큼은 저런 저택에서 살게 해야겠다고 생각했다. 그래서 날마다 해와 달, 별을 보고 우리들은 우리 자식들만은 저 아랫마을에 살게 해달라고 빌고, 또 빌었다

높은 곳에서 내려다보는 우리들을 저 아랫마을 사람들은 부러워했다. 그렇지만 하늘과 가깝고 공기도 맑아 건

강에는 좋을지 모르지만, 늘 목이 마르고 배가 고팠다. 그리고 까딱 실수해서 발이라도 헛디디면 낭떠러지로 굴러 떨어지는 불상사가 일어나기도 했다. 실제로 하루 종일 힘든 노동으로 지친 우리 마을 사람들 중 만취해서 돌아오다가 실족사로 죽은 일이 일어나기도 했다. 정말 위태로운 곳이었다.

그렇지만 산 아래 사람들은 늘 도시를 한눈에 내려다볼 수 있는 조망권이 좋은 우리 마을 탐내고 있었다

그들은 우리 마을이 숲이 우거지고 새가 지저귀는 낭만적인 곳이라고 생각했다. 아침마다 힐링한다며 산책하러 우리 마을을 찾았다. 그렇지만 우리 마을을 보고 얼굴을 찡그렸다. 그런 아랫마을 사람들이 무척 얄미웠다. 그래서 우리들은 우리들이 흘린 눈물을 그들에게 보여주기로 했다. 이른 아침 산책하러 올라온 아랫마을 사람들의 바짓가랑이를 붙잡고 늘어졌다. 우리들은 그들에게 눈물로 호소했다. 제발 우리들과 상생하며 살아가자고 통사정했다. 그러나 그들은 우리들의 요구를 냉혹하게 짓밟았다.

"재수 없게 왜 바짓가랑이 물고 늘어지는 거야. 바지가 다 젖었잖아. 태생이 잡것들이라 어쩔 수 없구먼"

"구청에 연락해서 등산로 잡초 좀 처리해 달라 해야겠어."

어그적어그적 갈짓자 걸음을 걸으며 침을 탁탁 뱉고 궁시렁거리며 내려갔다.

며칠 후 빨간 조끼 입은 구청 청소부들이 제초기를 들고 왔다. 우리 마을 찾아와 깡그리 초토화시키고 갔다. 불결한 동네, 모기들의 온상이라며 방역소독차가 와서 연기 소독을 하고 갔다. 누구를 원망하겠는가? 가난이 죄인 것을…, 잡초들은 흙수저로 태어난 것을 원망할 수밖에 없었다. 부모님을 따라 고향을 떠나왔기 때문에 다시 돌아갈 수 없는 고향이었다. 그때마다 부모님은 고향 노래를 부르며 옷소매로 눈물을 훔쳤다. 그런 날이면, 우리 마을 사람들은 같은 처지인지라 서로 부둥켜 끌어안고 서로를 위로하면서 눈이 퉁퉁 붓게 울었다. 가진 것 없는 잡초가 높은 곳에 자리 잡고 산다는 것은 늘 위험했다. 가난이 죄라는 사실을 그때서야 뼈저리게 느꼈다. 우리들은 비록 높은 곳에서 자리 잡고 살아가지만, 바람이 잘 날 없고 오갈 데 없는 정말 막장인생들이었다. 그리고 아랫마을 사람들이 쳐다보고 군침 흘리며 틈틈이 노리는 땅에 살고 있어서 아랫마을 사람들이 우리들은 시기하고 질투하고 업신여기는 대상이라는 사실도 알았다.

그렇지만 이대로 주저앉을 수는 없다고 생각하고 억척스럽게 다시 일어나 열매를 맺고 자식들을 많이 낳고 겨우겨우 목숨을 부지하며 살았다. 잡초마을 사람들은 한 명이라고 저 아래 마을에 자리 잡아 떵떵거리며 살게 해야 한다는 생각뿐이었다. 그나마 하늘에서 내리는 비까지도 깔보는 하늘도 무심한 마을이었다. 비는 잡초마을에 도착하자마자 잡초마을은 가파르고 위험해서 머무를 수 없는 곳이라고 생각하고, 마을 사람들을 본체만체하고 손살같이 산 아래 마을로 달려가버리곤 했다.

그런 반면에 아랫마을은 잡초들만 없으면 높은 우리 마을이 살기에 좋은 곳이라고 언젠가는 언덕 위에 그림 같은 집을 짓고 님과 함께 살겠다고 벼르면서 유행가를 만들어 불렀는데, 이 노래들이 코로나 바이러스로 온 지구촌 사람들이 불안에 떨고 있을 때 대한민국에서는 이때 아랫마을 사람들은 자신들의 소망을 담은 트로트를 부르며 위로를 받고 있었다.

저 푸른 초원 위에/ 그림 같은 집을 짓고/ 사랑하는 우리 님과/ 한 백년 살고 싶어/ 봄이면 씨앗 뿌려/ 여름이면 꽃이 피네/ 가을이면 풍년 되어/ 겨울이면 행복 하네// 멋쟁이 높은 빌딩 으시대지만/ 유행 따라 사는 것도 제멋이지만/ 반딧불 초가집도 님과 함께면/ 나는 좋아 나는 좋아 님과 함께면/ 님과 함께 같이 산다면/ 저 푸른 초원위에/ 그림 같은 집을 짓고/ 사랑하는 우리 님과/ 한 백년 살고 싶어/ 멋쟁이 높은 빌딩 으시대지만/

유행 따라 사는 것도 제멋이지만/ 반딧불 초가집도 님과 함께면/ 나는 좋아 나는 좋아 님과 함께면/ 님과 함께 같이 산다면// 저 푸른 초원위에/ 그림 같은 집을 짓고/ 사랑하는 우리 님과/ 한 백년 살고 싶어/ 한 백년 살고 싶어/ 한 백년 살고 싶어

—고향 작사. 남진 노래「님과 함께」

가을바람 불자 우리들은 자식들을 모두 비바람에 부탁해서 아랫마을로 떠나보냈다.

새 술은 새 부대에 담으라는 속담 믿고 자식들은 저 아랫마을에서 자리 잡고 아랫마을 사람들처럼 떵떵거리며 아침마다 고향의 부모님 묘소에 문안 인사하러 온다면 얼마나 좋을까 하는 기대를 안고 자식들을 바람에 실려 아랫마을 모두 떠나보냈다.

부모님의 희망대로, 비바람이 보내준 대로, 영문도 모르고 자리 잡은 잡초들은 콘크리트, 아스팔트로 포장된 마을에서 자리를 잡기 위해 이리저리 쏘다녔으나 아랫마을은 빈틈을 내어주지 않았다. 모두 콘크리트와 벽돌, 아스팔트로 완전히 포장하여 잡초들의 접근을 막았다. 아무도 잡초들에게 뿌리내릴 땅을 허락하는 사람은 없었다. 부드러운 흙이란 흙은 모두 단단한 콘크리트로 포장하여 꽁꽁 숨겨놓고 있었다. 그러다가 겨우겨우 콘크리

트, 아스팔트 갈라진 틈을 발견하였고, 그 좁은 틈에 잡초들은 재빨리 비집고 자리 잡아 뿌리내렸다. 운 좋은 형제들은 부잣집 정원에 자리 잡아 싹을 틔웠다

싹 틔우고 삐끔 틈 사이로 눈치를 살피며 자리 잡는 순간마다 무단침입자로 경찰에 신고 당했고, 잡초들은 그만 아랫마을 사람들로 인해 뿌리 채 뽑혀 발을 붙이고 살 수 없었다. 아랫마을 사람들은 우리들을 귀찮은 존재, 없어져야 할 범죄자로 취급했다. 겨우 살아남은 잡초들 몇몇만이 억척스럽게 다시 싹을 틔우고 일어섰다. 그야말로 인해전술로 빼꾸기가 붉은눈오목눈이 잠시 자리를 비울 때 알을 낳듯이 빈틈을 노리다가 어렵사리 아랫마을에 자리를 잡곤 했다. 아랫마을에 자리 잡은 잡초들은 날마다 고향 언덕을 쳐다보며 아침마다 눈물방울을 떨어뜨리곤 했다. 어디선가 잡초들을 위로하는 트로트가 울려 퍼지고 있었다.

아무도 찾지 않는/ 바람 부는 언덕에/ 이름 모를 잡초야// 한 송이 꽃이라면/ 향기라도 있을 텐데/ 이것저것 아무것도 없는/ 잡초라네// 발이라도 있으면은/ 님 찾아갈 텐데/ 손이라도 있으면은/ 님 부를 텐데/ 이것저것 아무것도/ 가진게 없어/ 아무것도 가진 게 없네// 아무도 찾지 않는/ 바람 부는 언덕에/ 이름 모를 잡초야// 한

송이 꽃이라면/ 향기라도 있을 텐데/ 이것저것 아무것도 없는/ 잡초라네// 아무도 찾지않는/ 바람 부는 언덕에/ 이름 모를 잡초야// 한 송이 꽃이라면/ 향기라도 있을 텐데/ 이것저것 아무것도 없는/ 잡초라네// 발이라도 있으면은/ 님 찾아갈 텐데/ 손이라도 있으면은/ 님 부를 텐데/ 이것저것 아무것도/ 가진 게 없어/ 아무것도 가진 게 없네/ 아무도 찾지 않는/ 바람 부는 언덕에/ 이름 모를 잡초야// 한송이 꽃이라면/ 향기라도 있을 텐데/ 이것저것 아무것도 없는/ 잡초라네/ 이것저것 아무것도 없는/ 잡초라네/ 이것저것 아무것도 없는/ 잡초라네/ 이것저것 아무것도 없는/ 잡초라네

–나훈아 작사, 작곡 「잡초」

가뭄

거북등으로 쫙쫙 갈라진 논바닥
말라 타들어가는 벼 포기
한숨 내쉬는 농부 하늘 쳐다보며
"하느님, 우리들은 어찌 살라고 이러십니까?"

비나이다비나이다비나이다
농부 아내 뒤뜰 감나무 밑에
정한수 한 그릇 떠놓고 두 손 싹싹
"비 좀 내려주세요. 제발"
고개 꾸벅꾸벅
진양·중모리·중중모리·자진모리장단으로
두 손 비벼대며 중얼중얼

오징어

먹물 뿜어대는 오! 징한 놈들, 어서 나와라
비열한 놈들, 이제 너희들을 모두 잡아서
어부들의 소원을 확 풀어주려고 한다.
울릉도, 독도 주변을 맴 돌면서 먹물을 팍팍 쏘아대며
오랫동안 어부들 생계에 톡톡히 도움 주더니만
이제는 어디로 달아나서
어부들을 애타게 하느냐?

지구가 뜨거워져
뿔뿔이 흩어져 피난길에 올랐더냐?
고향을 등진 너희들이 딱하기는 하다만은
너희들 덕분에 살아가는
울릉도 사람들이 고향 떠난 너희들을 애타게 기다리는 줄
아느냐? 모르느냐?

대대로 시커먼 먹물피를 이어받아
강자가 나타나면 울렁울렁 속이 뒤집혀 먹물을 쏟아내고
제가 쏟아놓은 먹물 속에 제 몸을 숨기고 달아나는
야비한 오! 징 한 놈들아
울릉도 어부들은 먹물 튀겨도 좋으니
고향만큼 살기 좋은 데가 또 어디 있겠느냐며
탕자 같은 너희들이 돌아오기를 손꼽아 기다린단다

바위 등에 딱딱한 껍데기로 달라붙어
숨어 사는 굴, 홍합을 까 쳐 먹고
바다 밑 갯벌에 숨어 사는 조개, 게
닥치는 대로 잡아먹는 불한당 짓도 모두 다 용서하겠단다.

흐물흐물 다리인지 팔인지 모를 다리를 머리통에 달고
물컹한 대가리 속에 먹물만 가득한 낙지, 문어 너희 족속들
온통 먹물로 가득 찬 삐에로 모자 몸통
물총을 픽픽 쏘아대며 게집질 하고 다니는 잡놈이 아니더냐?
열 개의 다리로 가운데
음흉한 주둥이를 함부로 놀리고 다니며
독도를 제집인 양 거들먹거리는 놈들아
오두방정 떨고 다니더니만 어디로 달아났느냐?

뼈다귀 하나 몸통 속에 암행어사 마패처럼 감추고
갑질만 일삼는 네 족속 갑오징어,
꼬락서니 꼴 보기 싫은 꼴뚜기,
한없이 치사한 짓만 하고 다니는 한치,
꾸질 꾸질한 짓만 하고 다니는 쭈꾸미
모두 너희 족보를 이어받은 사촌들이 아니더냐?

코로나 바이러스로 이웃끼리

막걸리 한 잔 나누어 마시지도 못하는
이 답답한 세상에
너희들이라도 다시 돌아오면
거나하게 코가 삐뚤어지게 너희들을 안주삼아
씨 껍데기 술 한 사발씩 마시고 싶다
너희들 한 다리 쫙 찢어서
자근자근 씹는 꼬방진 맛
눈앞에 아른거린다.

다시 돌아와라. 먹물 뿜어내는 오! 징한 놈들
속이 울렁울렁 메스껍지만
너희들이 돌아와야
어부들도 먹고 살 것 아니냐?

억새꽃

얼키설키 얽혀져서
쌈박질하는 잡초 밭에
펜 하나 들고 찾아왔다.
눈 멀고 귀 먼 잡초들
얼르고 달래어도
머리채가 뽑힌 줄도 모르고
억세게 악다구니 써댔다.

봄부터
날카로운 신경 곤두세운 채
펜 한 자루 끄적거리다가 백발이 되었다.

뿌리째 뽑히지 않으려고
안간힘 쓰더니만
하나둘 모두 달아나
이제 억센 억새들이 자리 잡았다.

찬바람 불어올 때마다
무수히 내뱉아 놓은 말들
억새 잎 칼날 서걱서걱
허공을 휘젓고 있었다.

서릿발 선 억새꽃
바람 불 때마다 털고 또 털어내도
잡초들의 말 찌꺼기들
좀처럼 떨어지지 않았다.

바람이 억새꽃을 흔들어댔다.
탈탈 털어내도 다시 또 달라붙는
끈질긴 잡초들의 고린내
코끝이 역겨워 그만 재채기가 쏟아졌다.
에취-에취-
새털구름으로 귀를 씻어내고 있던 하늘이
멀리 달아나고 있었다.

장수말벌의 증언

우리는 모두가 장군의 자손들이다. 여왕님을 모시는 특공무술 경호장수들이다. 우리는 꽃을 찾아다니며 열매를 맺도록 뚜쟁이 질하고 대가성 꿀을 얻어가는 뒷거래를 하지 않는 것을 생활신조로 살아왔다. 우리는 당당하게 꿀벌이 모아놓은 꿀을 거둬들이는 세리들이다. 따라서 꿀벌들은 우리들을 위해 존재하는 줄로 알고 살아왔다. 만약 우리들이 하는 일에 반항하는 꿀벌들은 모가지를 물어뜯어 즉시 처단했다. 떼 지어 몰려들면 우리 장수들은 물불을 가리지 않고, 즉각 전쟁을 선포하고 꿀벌 집으로 쳐들어가 초토화시켜버렸다.

우리들은 항상 꿀벌들이 살고 있는 마을 근처에 집을 짓고 살아왔다. 아무도 눈치 채지 못하게 으슥한 곳에 지하궁전을 짓고 살았다. 사람이 드나들지 않는 집 뒤뜰 나무 가지 위에 둥근 달덩이 집을 매달고 살았다.

배고픈 날 우리들은 가끔 인가의 꿀벌 집을 습격했다. 그러다가 꿀벌을 치는 주인의 포충망에 우리 장수들이 죽어갔다. 그런데 꿀벌치기 주인은 우리 장수들의 사체를 소주병 속에 넣어 보관했다. 인간들의 잔인함을 도저히 용서할 수 없었다.

그것뿐만이 아니다. 작년에는 우리 동족들 모두가 몰살당했다. 모기자루로 통째로 우리 집을 덮어씌워 가져갔다. 나 혼자만 밖에 나갔다 돌아온 통에 겨우 살아남았다.

그런데 오늘 우연히 꿀벌 주인집 부엌을 지나가다 통째로 유리관에 들어있는 우리 집을 보았다. 술을 부은 유리관 위에 노봉방주라고 써 붙여있는 푯말을 보았다.

집단학살 현장을 여왕님께 보고했다. 여왕님께서는 우리들의 억울한 죽음을 밝히라고 했다. 우리 장수말벌들은 동족의 노봉방주 집단학살 현장을 배회하면서 앙갚음을 다짐했다.

그 뒤로 수시로 꿀벌 집 주위를 서성거리며 시위를 벌렸다. 그러다가 주인이 한눈 판 사이 꿀벌집 앞에 웅크리고 기다려서 꿀을 물고 돌아오는 꿀벌을 하나씩 물어죽이고 꿀을 빼앗았다. 틈나면 꿀벌 통 주위를 맴 돌면서 꿀을 모두 훔쳐냈다. 그러다가 우리들은 정말로 우리들보다 더 악랄한 낯 두꺼운 두꺼비가 있다는 사실을 알았다.

우리가 꿀벌 통 문 앞에서 꿀벌들을 물어죽이고 있을 때 엉금엉금 두꺼비가 다가왔다. 살갗이 우둘투둘 보기 흉하게 생긴 두꺼비가 꿀 벌통 문 앞에서 꿀벌을 잡아 죽이고 있었는데 두꺼비가 우리 장수들을 혓바닥을 날름 삼켜버리는 것이었나. 우리들은 떼거리 필사적으로 날려들어 두꺼비를 공격했다.

두꺼비는 혀를 날름거리며 우리 장수들을 하나씩 삼켜

버렸다.

그날 우리들은 날아다니는 장수말벌, 나는 놈 위에 엉금엉금 기어 다니는 두꺼비가 있다는 것을 알았다.

기는 놈 위에 뛰는 놈, 뛰는 놈 위에 나는 놈이 있다는 속담이 틀렸다는 것을 처음 알았다. 나는 놈 위에 기는 놈의 날름거리는 혀가 있었다. 못생기고 엉금엉금 온몸에 독기를 품고 기어 다니는 두꺼비, 날름날름 혀 놀림은 날아다니는 우리들보다 더 잔인했다.

돼지감자

해바라기를 닮고 싶었다.
멀대처럼 줄기 뻗다가
해는 너무 뜨거워
별을 닮기로 했다

산비탈 양지 뜸 낙엽 덮고
밤하늘을 쳐다보다
쿨쿨 잠 들곤 했다
천덕꾸러기 외돌토리
멧돼지 가족

몸 가려울 때면
산골짝 웅덩이 흙탕물에 발라당
나무 기둥에 마구 몸 비벼댔다.

으슥한 밤
마을로 어슬렁어슬렁
산밭 언덕배기 뚱딴지
주둥이로 땅 파헤쳤다.
와삭와삭
혀끝이 얼얼했다.

지칭개

봄비 마중
우산 거꾸로 뒤집혀놓았다.

봄 햇살 마중
양산 거꾸로 뒤집혀놓았다.

봄비, 봄 햇살
가득 실은
봄 마차 바퀴
여름을 향해 달려간다.

아침 해 솟아오르면
방사형 바퀴살
햇살 칭칭 감기 시작하여
해질 무렵
방추형 물렛가락에
햇살 한 타래씩

갈래갈래 실가지 끝마다
보랏빛 꽃 방울
흔들어댄다.

박태기나무 꽃

보릿고개 봄날
부엌에서 밥을 푸는 형수에게
흥부 구걸하다가 주걱으로 뺨 맞았다.

흥부의 볼에
핏 물든 밥풀떼기

흥부가
기가 막혀
붉으락푸르락
심장박동 소리

유다는
박태기나무가지에서 목 매달았다.

피멍울
우둘투둘

고추 농사

고추밭에
고추꽃 피었다.

꽃 진 자리마다
고추가 달랑달랑
부풀어간다.

고춧대 힘겨워
휘청휘청

피멍이 들기 전에
고춧대마다
지팡이 하나씩
쥐어주었다.

탱탱 불끈불끈
가지마다 주저리주저리
엉켜 붙어있는 것을
"허허 고놈 참 실하구나. 이제 그만"
뚝뚝 떼어냈다.

마당 멍석 위에

쭉 늘어놓고
햇볕에 말렸다.

쭈글쭈글
바짝 마른 고추
자루에 담아
고추방앗간으로 보냈다.

고추씨까지
산산이 부서져
새빨간 가루가 되었다.

마지막 가는 길까지
매운 성깔 부리고 갔다.

십자가

짐승들의 시간은
십자가에서 끝났다.

팔 벌린 채
못 박혀 죽임당한
예수

사람의 역사는
2021년이 흘렀다.

도시의 밤
레온사인 깜박깜박

그 사이사이
수많은 십자가들

누군가의 심장을 겨눈
화인이다.

땅콩

뜨거운 사랑에 불붙었습니다.
둘이서 하나 되었습니다.
둘이라면 세상이 캄캄해도 괜찮습니다.
이미 서로 두 눈이 멀었으니까요.
오뚜 되어 알콩달콩
고소하게 살아갈 겁니다.

프로필

김관식

■학력
- 광주교육대학 졸업(1974년)
- 조선대학교 경상대학회계학과 졸업(1984년)
- 조선대학교 대학원 경영학과회계학전공 경영학석사 (1986년)
- 한국교원대학교 대학원교육사회학과 교육학석사 (1998년)
- 한국방송통신대학교 국어국문학과 졸업(2012년)
- 한국방송통신대학교 대학원문예창작콘텐츠학과 문학석사 (2015년)
- 한국방송통신대학교 문화교양학과 졸업(2017년)
- 숭실대학교 대학원문예창작학과 박사과정 수료 (2019년)

■등단

· 전남일보 신춘문예 문학평론 입상(1976년)
· 계간 『자유문학』 신인상 시 당선(1998년)

■저서

· 제1동시집 『토끼 발자국』(1983년) 아동문예사
· 제2동시집 『꿀벌』(1990년) 동화문학사
· 제3동시집 『꽃처럼 산다면』(1996) 아동문예사
· 제4동시집 『햇살로 크는 바다』(2000) 교단문학사
· 제5동시집 『화분 이야기』(2007)아이올리브
· 제6동시집 『바람개비 돌리는 날』(2007) 아이올리브
· 제7연작동시집 『속삭이는 숲속 노래하는 나무들』(2007) 태극
· 제8연작동시집 『물속나라 친구들』(2008) 아이올리브
· 제9동시집 『가을 이름표』(2008) 아이올리브
· 제10연작동시집 『우리나라 꽃135』(2008) 아이올리브
· 제11연작동시집 『아침이슬83』(2013) 책마중
· 제12동시집 『이슬에게 물어봐』(2015) 도서출판 해동
· 제13동시집 『땅콩 속의 연가』(2017) 도서출판 고향
· 제14동시집 『바람과 풀잎』(2017) 도서출판 고향
· 제15동시집 해양생태동시 『숨바꼭질하는 바다』(2020) 도서출판 고향
· 제16동시집 『강마을』(2020) 도서출판 고향
· 제17동시집 『황포돛대』(2020) 도서출판 고향
· 제18동시집 『가을 발자국』(2022) 도서출판 명성서림
· 김관식 외 116시인 재능기부동시집 『별 밥』(2020) 도서출판 고향
· 제1시집 『가루의 힘』(2014) 도서출판 해동
· 제2시집 『연어의 귀향』(2016) 문창콘
· 제3시집 『민들레꽃 향기』(2016) 문창콘

- 제4시집 『백수의 하루』(2016) 가온문학
- 제5시집 『시인 백서』(2016) 가온문학
- 제6시집 『강마을의 신화』(2016) 가온문학
- 제7시집 『백정』(2017) 도서출판 고향
- 제8시집 『시인백서 · 2』(2019) 도서출판 고향
- 제9시집 『어머니의 키질』(2019) 도서출판 고향
- 제10시집 짧은 시 『매미』(2019) 도서출판 고향
- 제11시집 짧은 시 『단풍』(2019) 도서출판 고향
- 제12시집 동남아여행시집 『세부와 앙코르와트』 (2020)부크크
- 제13시집 『영산강 숨터』(2020) 도서출판 고향
- 제14시집 『가을 경마장』(2021) 도서출판 명성서림
- 제15시집 『생각하는 숫자』(2021) 도서출판 명성서림
- 제16시집 『개구리 울었다』(2021) 부크크
- 제17시집 포스트모니즘 탈경계 풍자시 『시인의 의자』(2021) 도서출판 이바구
- 제18시집 『낚시어보』(2022) 도서출판 명성서림
- 전설집 『나주의 전설』(1991년) 나주문화원
- 문학평론집 『현대동시인의 시세계-호남편』(2013) 책마중
- 문학평론집 『한국현대시인의 시세계』(2016) 문창콘
- 문학평론집 『아동문학과 문학적 상상력』(2017) 청동거울
- 문학평론집 『아동문학의 이해와 전망』(2018) 도서출판 고향
- 문학평론집 『한국현대시의 성찰과 전망』(2018) 도서출판 고향
- 문학평론집 『한국시문학의 근본문제와 방향』(2019) 도서출판 고향
- 명상칼럼집 『한 자루의 촛불』(2017) 명성서림
- 문학이론서 『아동문학의 이해와 동시창작법』

(2017) 명성서림
- 시창작 이론서 『현대시 창작방법과 실제』(2021)
- 도서출판 이바구
- 시창작 실기교재 『서정시 이렇게 쓰면 쉽게 쓸 수 있다』 (2022) 서정문학
- 좋은동시 재능기부 동시집 『별 밥』(2020) 도서출판 고향
- 좋은동시 재능기부 동시집 제2호 『꿈나무 새싹 쑥쑥』(2021) 도서출판 고향

■ 수상

- 2009년 한국시 문학대상 수상
- 2016년 제7회 백교문학상 대상 수상
- 2017년 황조근정 훈장
- 2019년 김우종문학상 문학평론 부문 본상 수상
- 2021년 문예창작 문학상 시 부문 대상 수상

■ 문학단체

- 한국문인협회 회원
- 국제펜클럽 한국본부 이사
- 사단법인 한국문학협회 자문위원
- 한국현대시인협회 이사
- 서초문인협회 이사
- 양천문인협회 자문위원
- 한국산림문학회 회원
- 한국문예춘추문인협회 회원
- 자유문학회 회원
- 백교효문화선양회 회원
- 문학의강 문인회 이사
- 한국아동문학인협회 이사
- 나주문인협회 초대회장 역임

· 한국좋은동시 재능기부사업회 책임자
· 계간 『한국시』, 『지필문학』 신인심사위원 역임
· 계간 『시와 늪』 주필 및 신인심사위원장 역임
· 계간 『한글문학』, 『남도문학』 자문위원
· 격월간 『서정문학』 운영위원
· 계간 『창작산맥』 운영이사. 계간 『문예창작』 편집위원
· 계간 『백제문학』, 『남도문학』, 『가온문학』, 『나눔문학』 신인심사위원

· 인터넷 홈 페이지 주소: http://kks419.kll.co.kr/